WERDE ZUR HIGH VALUE FRAU

Annie Brien | Bianca Brien

WERDE ZUR High Value Frau

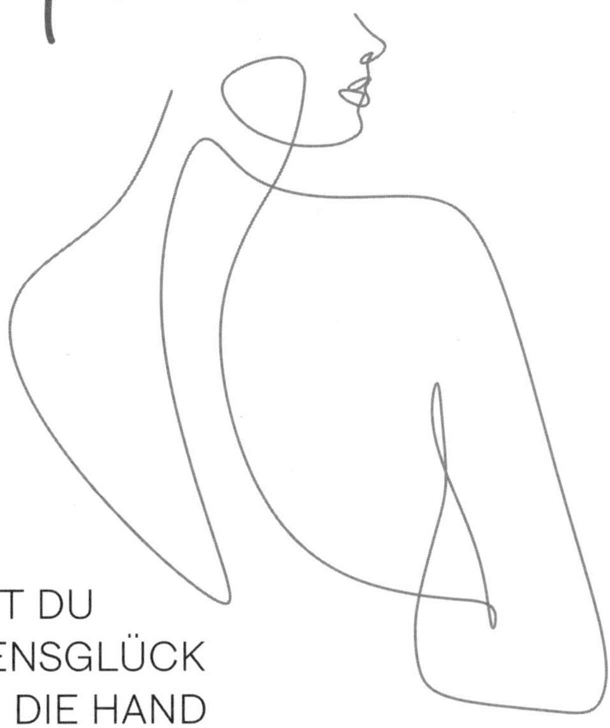

SO NIMMST DU DEIN LEBENSGLÜCK SELBST IN DIE HAND

Für alle, die daran glauben, dass sie ein glückliches Leben verdient haben.

Für unsere Eltern, Michèle und Günter Brien, die uns schon immer gezeigt haben, dass alles möglich ist.

Inhalt

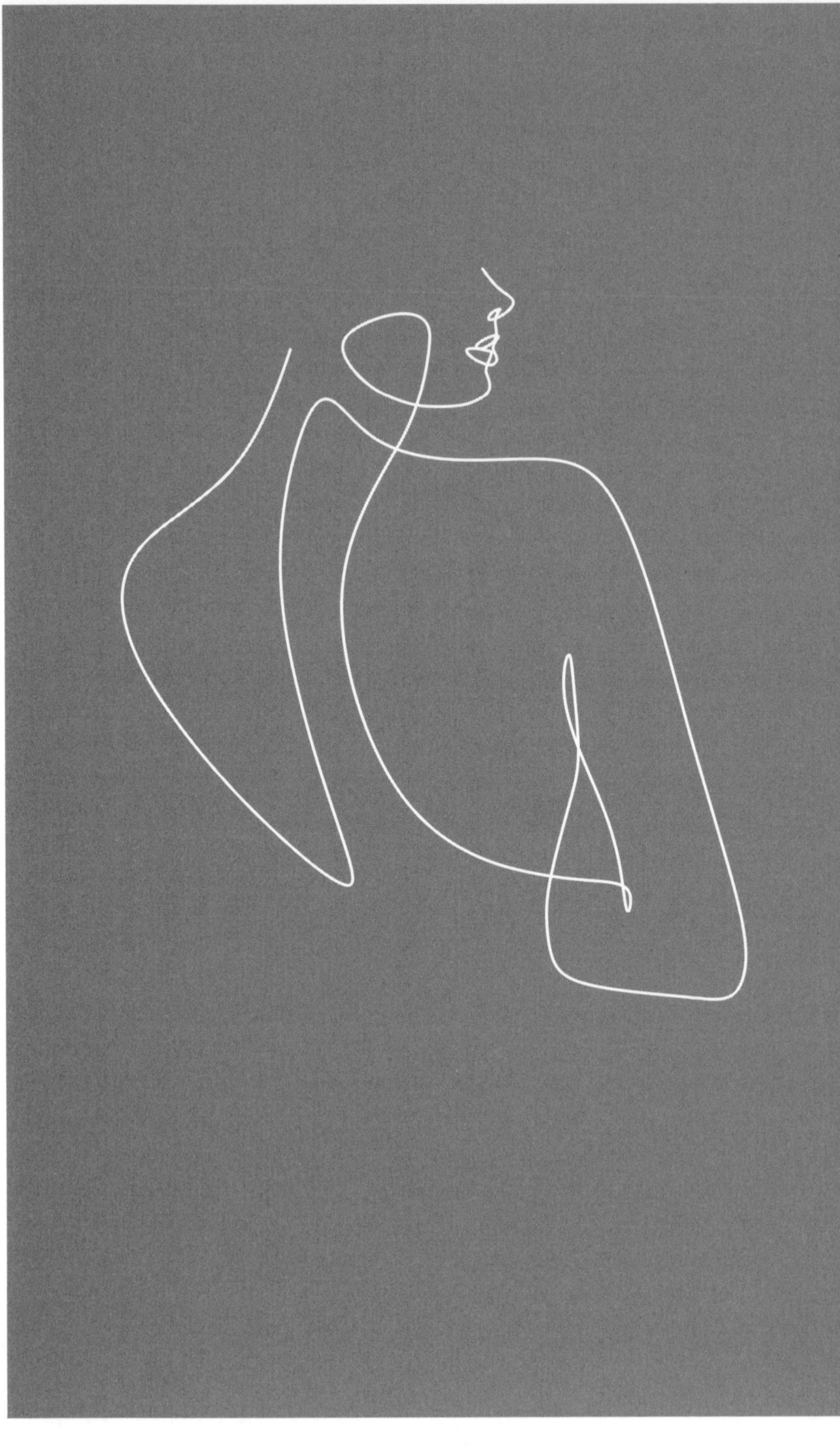

Einleitung

»Werde zur High Value Frau« – was genau bedeutet das eigentlich? Eine High Value Frau zu sein ist eine Sache, die auch wir erst einmal lernen mussten. Denn wie bei vielen anderen auch gab es auch in unseren Leben Zeiten, in denen einiges nicht rundlief. Für uns hat es lange gedauert, bis wir unseren Weg in ein Leben gefunden haben, in dem wir nun wesentlich positivere Erfahrungen in allen Lebensbereichen sammeln. Der Schlüssel zu diesem Leben war, unseren eigenen Wert zu erkennen und uns selbst auf Platz 1 zu setzen. Deshalb können wir dir mit unserem heutigen Wissen versichern: Es ist nie zu spät, damit anzufangen, dein Lebens- und Liebesglück selbst in die Hand zu nehmen.

Als High Value Frau verinnerlichst und steigerst du deinen eigenen Wert, du lernst, dich selbst anzunehmen und zu lieben. Vor allem bist du auch bereit, die Verantwortung für dein Leben zu übernehmen. Wenn du einmal begonnen hast, nach diesem Prinzip zu leben, wirst du dich fragen, warum du dir nicht schon viel früher mehr Liebe geschenkt und in dich selbst investiert hast. Denn dadurch wird alles einfacher und schöner.

Wir sind Annie und Bianca Brien, Schwestern, Freundinnen und – mittlerweile – auch zwei High Value Frauen, weil wir irgendwann erkannt haben, dass wir nur das Beste im Leben verdient haben und alles in uns tragen, um unsere Lebenswünsche zu realisieren. Bis dahin war es auch für uns ein langer Weg. Damit du nicht so lange brauchst, wie es für uns gedauert hat, haben wir uns entschlossen, dieses Buch zu schreiben. Wir wollen dir damit nicht nur eine Hilfestellung geben, um dein Leben neu zu gestalten, mehr Selbstliebe zu zelebrieren und dir zu deinem neuen High Value Ich zu verhelfen. Sondern wir teilen mit dir auch ganz persönliche Erlebnisse und Learnings aus unserer Reise, die dir zeigen sollen, dass auch wir nur Menschen sind und uns viele unserer Wünsche mithilfe der inneren Arbeit und einem positiven Mindset erfüllt haben – und du das auch schaffen kannst.

Wir alle kennen Momente, in denen wir uns machtlos fühlen und das Gefühl haben, dass wir den äußeren Einflüssen, die auf uns einprasseln, nicht entkommen können. Wir nehmen uns wie ein Opfer der Umstände wahr, eine Marionette des Schicksals, und wissen einfach nicht mehr, was wir tun sollen, damit sich endlich etwas ändert. Bei manchen betrifft dies nur einen Lebensbereich, bei uns waren es meist mehrere auf einmal. Manchmal gab es auch Phasen, in denen wir uns regelrecht vom Pech verfolgt fühlten und glaubten, dass es einfach kein Ende nimmt und nie besser wird. Uns jagte ein Rückschlag nach dem anderen, und immer, wenn wir dachten, jetzt könne es nicht mehr schlimmer kommen, fielen wir noch tiefer.

»Wir haben doch auch mal etwas Glück verdient«, schoss es uns ziemlich oft durch den Kopf. Es hat eine Weile gedauert, bis wir erkannt haben, dass wir diesen äußeren Umständen nicht vollkommen hilflos ausgeliefert sind und dass wir nicht nur passiv auf bessere Zeiten und mehr Glück hoffen müssen. Du hast, wie jede und jeder andere Mensch auch, die Möglichkeit, selbst über dein Lebensglück zu bestimmen – und genau das haben wir eines Tages getan. Wenn du bereit dafür bist, selbst Verantwortung für ein Leben voller Glück zu übernehmen, dann bist du bei uns genau richtig, denn in diesem Buch verraten wir dir, wie das geht. Gemeinsam mit uns wirst du lernen, wie du als High Value Frau die ersten Schritte zu einem Leben voller Glück und positiver Momente gehst.

Über Annie

» Zu dem Zeitpunkt, an dem Bianca und ich dieses Buch schreiben, bin ich frische 34 Jahre jung. Es ist nun bereits vier Jahre her, dass sich mein Leben komplett gewandelt hat. Oder besser formuliert: Es ist vier Jahre her, dass ich mein Leben komplett verändert habe. Zuvor hatte ich seit Beginn meines Marketingstudiums mit 19 Jahren auch immer schon im Marketing gearbeitet. Mein Ziel war es, noch vor meinem 30. Lebensjahr Führungskraft zu werden. Ich wollte schnell aufsteigen, um einerseits innerhalb der Unternehmen Gutes bewirken zu können. Andererseits, um meinen Eltern etwas zurückgeben zu können. Mein intensives Studium sowie meine zahlreichen Arbeitsstunden hielten mich allerdings nicht davon ab, auch ein turbulentes und abwechslungsreiches Privatleben zu führen: Ich war ständig unterwegs, auf Events, Reisen, Partys. Selbst unser Papa meinte zu mir: »Annie, wann schläfst du eigentlich mal?«

Natürlich lernte ich durch diesen Lifestyle auch entsprechend viele Leute kennen – auch im Liebesleben. Neben zwei an Dramen reichen, eher kürzeren Beziehungen datete ich fast ununterbrochen in meinen Zwanzigern, und es kamen sicherlich weit über 100 Kennenlerngeschichten zustande. Mein Herz wurde dementsprechend oft verletzt und enttäuscht. In Freundschaften verhielt es sich ähnlich: Ich war immer offen, neue Menschen in mein Leben zu lassen, doch genauso schnell, wie Freundschaften entstanden, wurde ich meistens auch wieder enttäuscht. Es war ständig alles im Wandel: Jobwechsel, neue Freundeskreise, neue Liebschaften, neue WG-Mitbewohner. Das Einzige, was beständig zu sein schien, war das Pech, das mich gefühlt jahrelang verfolgte. Ich scherzte damals immer, dass es bei mir schon Standard sei, dass ich jedes Jahr bei der Polizei, einem Anwalt oder im Krankenhaus landete, weil wieder etwas schiefgegangen war. In meinem Freundeskreis war ich schon als Pechvogel bekannt, bei dem immer noch einer obendrauf kommt, wenn man denkt, es ginge nicht mehr schlimmer. Was ich damals allerdings nicht realisierte: All diese Rückschläge blieben unverarbeitet in meinem Unterbewusstsein zurück. Ich machte immer direkt weiter, ohne auf mein Seelenwohl zu achten. Mit jeder neuen Herausforderung verfestigte sich mein Glaubenssatz, dass ich einfach Pech habe, und es stauten sich immer mehr negative Emotionen in meinem Unterbewusstsein an. Bis mich in meinem 30. Lebensjahr alles einholte.

Damals erlebte ich innerhalb weniger Wochen eine weitere Enttäuschung in der Liebe, im Job und in der Freundschaft. Diese Ereignisse waren der berühmte letzte Tropfen, der mein Fass zum Überlaufen brachte. Plötzlich brach alles aus mir heraus: Ich fühlte mich unendlich traurig und bekam das Gefühl, dass ich das alles nicht mehr verkraften könne. Ich realisierte, dass ich mein Leben auf keinen Fall so weiterleben möchte, und wie unglücklich ich war. Es fühlte sich schrecklich an, dass sich seit Jahren alles zu wiederholen schien, und egal, wie positiv etwas in meinem Leben startete – kurz danach endete es wieder in einer Enttäuschung. Ich fühlte mich gefangen in diesem Teufelskreis und wusste weder, wie ich dort überhaupt landen konnte, noch, wie ich da wieder rauskommen könnte.

Diese Phase fiel zufälligerweise in den ersten Corona-Lockdown. Bianca und ich waren die ersten Wochen bei unseren Eltern in der Heimat. Mir

ging es so schlecht, dass ich tagsüber immer auf das nahe gelegene Feld flüchtete. Dort fand ich einen kleinen Hügel, den ich liebevoll Annie-Land nannte. Denn er war mein Safe Space. Dort konnte ich ganz für mich allein sein und meinen Emotionen freien Lauf lassen. Ich weinte jeden Tag, wochenlang. Ich haderte mit meinem Schicksal und sprach als gläubige Christin auch viel zu Gott: »Was mache ich nur falsch? Wieso passiert mir das immer wieder? Was muss ich ändern?« Wochen vergingen, doch die Antworten blieben aus. Bis mir eines Tages die Erkenntnis wie Schuppen von den Augen fiel: Der einzige gemeinsame Nenner all meiner schlechten Erfahrungen war immer ich. Also musste ich mich verändern. Wie genau ich dabei vorging, wirst du im Laufe des Buches erfahren.

Doch so viel kann ich dir schon jetzt verraten: Heute, im Frühjahr 2024, während ich gerade diese Einleitung schreibe, befinde ich mich auf einer Trauminsel. Gemeinsam mit Niko, meinem Traumpartner, den ich mir geistig, emotional und physisch nicht hätte besser vorstellen können, und der mir jeden Tag das Gefühl gibt, auf die gleiche Weise auch seine Traumfrau zu sein. Beruflich bin ich in meinem Job als psychologischer Coach angekommen, den ich ebenfalls als meine Erfüllung bezeichnen würde. Mit dem Schreiben dieses Buchs über die High Value Methode, die mein Leben nachhaltig verbesserte, ist ein weiterer Traum in Erfüllung gegangen. Zuhause in Berlin erwarten mich wunderbare und bereichernde Freunde. Das, was früher für mich unmöglich schien, ist jetzt meine Realität und mein Alltag. Somit ist alles, was ich mir jemals erträumt habe, entweder bereits in meinem Leben, oder ich weiß, dass ich auf dem besten Weg dorthin bin, es früher oder später zu erreichen. Und genau deshalb freue ich mich, dass dieses Buch in deinen Händen gelandet ist, denn in ihm werden wir dich Schritt für Schritt begleiten, damit du dasselbe für dich erreichst.

Über Bianca

» Wenn ich dir von meiner persönlichen Entwicklung erzählen möchte, sollte ich dich mit auf meinen Weg nehmen, der mich dazu gebracht hat, mit meiner inneren Arbeit zu beginnen. Bevor ich damit angefangen und aktiv an meinem positiven Mindset gearbeitet habe, musste erst einiges in meinem Leben passieren. Noch während meines Studiums starb eine mir sehr nahestehende Person, was mich stark geprägt hat. Von jemandem, der immer darauf geachtet hat, vernünftig zu sein, weil ich die ältere Schwester bin, habe ich mich zu jemandem entwickelt, der das Leben so nimmt, wie es kommt: nicht lange überlegen, sondern einfach machen. Dieser Moment machte mir auch stark bewusst, dass nicht immer alles so kommt, wie man es sich vorstellt. So verschlug es auch mich nach meinem Studium nach Berlin.

Diese Jahre würde ich im Nachhinein als die Jahre bezeichnen, die mir den Weg ebneten, mich stärker mit dem Thema Mindset auseinanderzusetzen. In fast sechs Jahren Berlin hatte ich fünf verschiedene Jobs, bei denen ich oftmals nicht sonderlich wertschätzend behandelt und sogar gemobbt wurde. Für mich wurde diese Erfahrung Teil meiner Geschichte, die ich mir immer wieder erzählte: »Du hast einfach Pech im Job.« Privat zeichnete sich vor allem im Datingleben auch ein Muster ab. Ich lernte jemanden kennen, zu Beginn sah alles gut aus. Nach einigen Treffen machte es jedoch immer den Anschein, als würden die Männer das Interesse an mir verlieren, was mir das Gefühl gab, als wäre ich nicht gut genug, geliebt zu werden.

Niemand machte sich – so kam es mir vor – die Mühe, mich wirklich kennenzulernen und sich eine Zukunft mit mir vorzustellen. Was schließlich noch hinzukam, war, dass ich ständig gesundheitliche Pro-

bleme hatte. Annie meinte irgendwann auch mal, dass kein Jahr vergeht, in dem ich nicht irgendwas beim Arzt abzuklären hatte. Mein großer Rückschlag, bei dem ich zum ersten Mal das Gefühl hatte, dass ich nicht noch mehr Negatives in meinem Leben ertragen kann, war, als mir meine Frauenärztin sagte, dass ich Probleme kriegen könnte, wenn ich irgendwann Kinder haben möchte. Damals war ich 29 Jahre alt und nicht in einer festen Beziehung, das Thema Kinder war noch sehr weit von mir entfernt. Kündigung, diese Diagnose und dann auch noch ein anderes neues Thema, bei dem ich mir bisher sicher war, dass ich mir darüber keine Sorgen machen musste, warfen mich völlig aus der Bahn. Es dauerte Monate, einen neuen Job und einige Termine in Kinderwunschkliniken, bis ich mich gefangen hatte und emotional wieder halbwegs stabil war. Als ich mich damals für Social Freezing entschied, merkte ich, dass ich innerlich wieder ruhiger wurde. Das war 2019.

Erst 2021, während des zweiten Lockdowns, begann aber meine richtige Mindset-Reise. Damals hatte Annie schon angefangen, sich intensiv mit dem Thema auseinanderzusetzen. Ich war zu dem Zeitpunkt nicht mehr glücklich in Berlin, wollte mich beruflich umorientieren und hatte erneut mit gesundheitlichen Problemen zu kämpfen. Kurzweilig standen potenzielle Diagnosen wie Multiple Sklerose oder ein Tumor im Raum, was mich mental stark belastete. Ich rannte während der Pandemie von Facharzt zu Facharzt, wartete stundenlang in Notaufnahmen, um mich untersuchen zu lassen, und bekam doch wieder keine konkrete Diagnose. Mein Umfeld und auch die Ärzte gingen davon aus,

dass mein Zustand auch psychosomatisch bedingt sein könnte, weil ich nicht zufrieden mit meinem Leben war. Meine Hausärztin wollte das nicht akzeptieren und blieb hartnäckig dran, den Grund für mein gesundheitliches Problem zu finden. Aber weil ich selbst nichts unversucht lassen wollte, fing ich mit der inneren Arbeit an.

Ich horchte in mich hinein und ging auf die Suche nach negativen Glaubenssätzen, die sich tief in mir verbargen. Jeden Tag nahm ich mir die Zeit, zu reflektieren, in mein Journal zu schreiben und meine Mindset-Übungen zu machen. Diese Routine habe ich bis heute nicht mehr abgelegt. Sie gab mir damals Halt und ist mittlerweile ein fester Bestandteil meines Lebens. Mit der Zeit habe ich immer mehr kleine wie große Erfolge erlebt, die mir gezeigt haben, dass die innere Arbeit sich auf jeden Fall lohnt. Genau das möchten wir dir mit diesem Buch vermitteln. Ich führe nun ein Leben, in dem ich beruflich dort angekommen bin, wo ich schon immer hinwollte. Schon als Kind war es mein Traum, als Journalistin zu arbeiten. Mittlerweile bin ich Redakteurin bei den Öffentlich-Rechtlichen. Ich habe eine wundervolle Beziehung, die von Tag zu Tag schöner wird. Mein Umfeld fängt mich auf, wenn ich Halt brauche, und feiert meine Erfolge, wenn ich sie mit den Menschen teile, die mir wichtig sind.

Es war ein langer Weg bis zu diesem Punkt, und die Reise ist noch lange nicht zu Ende. In diesem Buch wirst du noch mehr persönliche Geschichten von uns erfahren, die dir zeigen, dass nicht immer alles perfekt läuft, aber du es selbst in der Hand hast, deinen Status quo zu dem Leben zu machen, das du dir wünschst. Du hast dich für unser Buch entschieden, das heißt, du bist bereit, an deinem High Value Leben zu arbeiten. Wir geben dir die nötige Hilfestellung, damit du die ersten Schritte wagst, die dich zu einem glücklichen und erfüllten Leben führen.

PART I

Wann habe ich endlich Glück?

Der Wecker klingelt am Morgen. Du bleibst noch ein paar Minuten im Bett liegen und scrollst durch Instagram. Ein Blick auf die Uhr 20 Minuten später zwingt dich, aufzustehen. Du frühstückst und machst dich für die Arbeit oder die Uni fertig. Vielleicht verzichtest du sogar aufs Frühstück und holst dir nur unterwegs einen Coffee to go. Der Arbeitstag dümpelt vor sich hin. Ein Meeting folgt dem anderen. Du fieberst auf die Mittagspause hin. Nach der Pause wandert dein Blick immer wieder zur Uhr, und du rechnest dir aus, wie lange es noch bis zum Feierabend dauert. Nach der Arbeit triffst du dich mit Freunden zum Essen, was sich für dich aber oft mehr als Pflicht als Freude anfühlt. Vielleicht gehst du zum Sport oder warst auch schon ein halbes Jahr nicht mehr im Fitnessstudio, obwohl du monatlich eine horrende Summe für deinen Mitgliedsbeitrag zahlst.

Stattdessen freust du dich einfach nur auf das Sofa. Dort erwarten dich eine neue Serie und die Instagram-Stories von Influencern, die du täglich schaust. Du lebst lieber von fiktiven Dramen oder den Geschichten anderer, weil dein eigenes Leben nichts zu bieten hat. Jeder Tag gleicht dem anderen.

Aber fühlst du dich in diesem immer gleichen Trott wirklich glücklich? In deinem Alltag haben sich vermutlich Unzufriedenheiten eingeschlichen, die du gar nicht mehr bewusst wahrnimmst und deshalb still und heimlich hinnimmst. Dein Chef verlangt ständig mehr von dir, zeigt dir aber im Gegenzug keinerlei Wertschätzung. Du regst dich pausenlos bei Freunden und der Familie über deinen Job auf. Dennoch hältst du an deiner Arbeit fest, denn du brauchst das Geld und die Sicherheit. Spaß macht es dir aber schon lange nicht mehr.

Aus der Unzufriedenheit, die aus der Summe aller kleinen Dinge in deinem Leben entsteht, beginnt ein Kreislauf des Grübelns:

* Warum erkennt mein Chef meine Arbeitsleistung nicht an?
* Bin ich nicht gut genug?
* Muss ich sichtbarer im Arbeitsalltag werden?
* Sollte ich mich besser positionieren?
* Oder habe ich einfach zu hohe Ansprüche an meinen Job?

Deine Unsicherheiten beziehen sich aber nicht nur auf den beruflichen Kontext. Du fängst an, Blicke und Sätze deines Umfelds zu hinterfragen und zu interpretieren – vielleicht auch schon ein bisschen zu häufig und intensiv. Grübeln und Gedankenkarusselle gehören zu deinem Alltag. Es fängt klein an und nimmt Ausmaße an, die du kaum kontrollieren kannst. Bevor du ein Bild auf Instagram postest, bearbeitest du es stundenlang nach und überlegst ewig hin und her, ob du es auch wirklich teilen sollst. Kaum ist es online, sind nach wenigen Minuten noch nicht die erhofften Likes da. Du bist kurz davor, das Bild direkt wieder zu löschen.Vermutlich schiebst du deine Unzufriedenheit auf die Umstände in deinem Leben. Die meisten Menschen suchen die Gründe für ihr Unwohlsein immer erst im Äußeren. Es sind oft dieselben »Wenn …, dann …«-Lügen, die wir uns erzählen:

Wenn ich die Beförderung erhalten habe, dann wird alles besser.

Wenn ich meinen Traumpartner gefunden habe, dann bin ich endlich glücklich.

Wenn ich mein Wunschgewicht habe, bin ich endlich selbstbewusster oder finde ich mich endlich schön.

Nun stelle dir noch einmal diesen typischen Tagesablauf, den wir dir oben beschrieben haben, vor: Als du morgens abgehetzt im Büro ankommst, begrüßt dich deine Kollegin Laura freudestrahlend. Sie macht in eurem Team als Einzige den Eindruck, tatsächlich happy und zufrieden zu sein. In ihrem Leben scheint nie etwas schiefzugehen. Ihr Lächeln kommt dir nie aufgesetzt vor. Du denkst dir, wie könnte es auch anders sein, sie hat schließlich allen Grund dazu, glücklich zu sein – Laura hat immerhin das perfekte Leben: Seit dem Studium ist sie mit ihrer großen Liebe zusammen. Vor einigen Jahren haben Laura und ihr Mann die absolute Traumhochzeit gefeiert. Du hast die Fotos damals neidisch betrachtet und dich gefragt, wann du selbst einmal so etwas erleben wirst. Alle beneiden sie um ihre glückliche Ehe. Zwei gesunde Kinder, regelmäßige Urlaube an exotischen Orten und ihre Beförderung im letzten Jahr scheinen das Glück perfekt zu machen.

Doch was du nicht siehst, sind Lauras Schicksalsschläge, die sie bereits in jungen Jahren erlebt hatte. Ihre Eltern hatten nicht viel Geld, sodass sie immer gearbeitet hat, um sich das Studium zu finanzieren. Ständig hat sie sich selbst angetrieben, die Karriereleiter weiter hochzusteigen, um ihren Kindern dieses Schicksal zu ersparen, damit sie sich nie Gedanken um das Finanzielle machen müssen. Ihre Beförderung war harte Arbeit.

Außerdem ahnst du nichts von der Affäre ihres Mannes, die sie selbst erst vor einigen Monaten bemerkt hat. Noch immer ist sie dabei, diese zu verarbeiten und damit irgendwie klarzukommen. An Trennung ist aber nicht zu denken, denn sie möchte ihren Kindern eine Scheidung ersparen. Die tägliche Doppelbelastung als berufstätige Mutter wiegt schwer auf ihren Schultern. Genauso wenig weißt du von ihren Schulden, die sie noch die nächsten Jahre abbezahlen wird. Denn was zu einer guten Ehe dazugehört, sind selbstverständlich Eigenheim und ein tolles Auto. Wie kann es also sein, dass Laura trotzdem so glücklich zu sein scheint?

Der Unterschied ist, dass Laura das Mindset einer High Value Frau verinnerlicht hat: Wir können im Leben nicht immer beeinflussen, was uns passiert. Aber wir können immer entscheiden, wie wir damit umgehen. Wir möchten kein Problem kleinreden, denn Probleme sind weder miteinander vergleichbar noch messbar.

Unsere Eltern sind für uns Schwestern das beste Beispiel, dass es egal ist, mit welchen Voraussetzungen man im Leben startet. Sie haben sich immer wieder aktiv dafür entschieden, das Beste aus jeder herausfordernden Situation herauszuholen. Dass alles möglich ist – egal, von wo aus wir starten –, wollen wir dir mit diesem Buch zeigen. Lass uns gemeinsam dein Potenzial ausschöpfen und dir das Lebensglück schaffen, das du dir schon lange wünschst!

Meistens schieben wir unser Glück nach hinten auf. Aber die Wahrheit ist, wenn du jetzt unzufrieden bist, dann wirst du es auch weiterhin sein – selbst wenn du deine Ziele im Äußeren erreicht hast. Die wenigsten wissen, dass sie so ein unbefriedigendes Leben nicht einfach so hinnehmen müssen. Du musst auf kein plötzliches Wunder in Job, Liebe, Gesundheit oder Freundschaften hoffen, damit du dich endlich besser fühlst, sondern du hast zu jedem Zeitpunkt in deinem Leben selbst die Macht, über dein Glück zu bestimmen. Nachhaltige Veränderungen funktionieren immer nur von innen nach außen: Erst wenn du deine Ansichten, Gedanken, Gewohnheiten und Glaubenssätze zum Positiven änderst, wird sich auch deine äußere Welt zum Besseren verändern. Durch innere Arbeit kann sich *alles* verändern.

Spiegel-Metapher

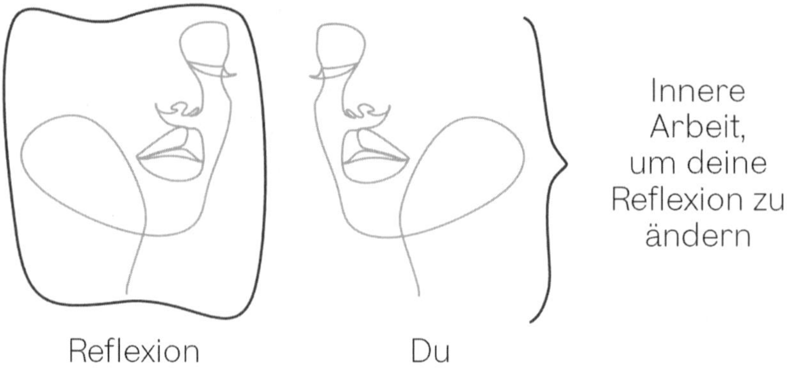

Die Wirkungsweise der inneren Arbeit funktioniert wie bei einem Spiegel: Wenn dir dein Spiegelbild nicht gefällt, kannst du nicht einfach die Reflexion ändern. Du musst zunächst an dir selbst arbeiten, damit dir in Zukunft ein besseres Bild widergespiegelt wird. Dieses Buch wird dir zeigen, wie du selbstverantwortlich an deinen inneren Themen arbeiten kannst, damit dir mit der Zeit auch im Äußeren immer mehr Glück entgegenstrahlt.

Die Unzufriedenheit, die täglich an dir nagt, entsteht durch die Geschichten, die du dir immer wieder aufs Neue über dein Leben und dich selbst erzählst. Wir zeigen dir, wie du dein altes Selbstbild, das dir sagt, wie das Leben für dich funktioniert, hinter dir lassen und jetzt sofort in dein neues Leben starten kannst. Denn du bist die Schöpferin deiner eigenen Realität. Auch wir dachten damals, als einiges in unserem Leben schiefging, dass es bei uns »einfach so sei«, und machten den Fehler, die Dinge als gegeben hinzunehmen. Der Glaubenssatz »Ja, so ist das halt immer bei mir« hatte sich wegen zahlreicher wiederkehrender Situationen im Laufe der Jahre immer fester in unserem Unterbewusstsein verankert.

Annies Beispiel

» *Ein Lebensbereich, in dem sich bei mir immer ein ähnlicher Verlauf zu wiederholte, waren Freundschaften – vor allem Freundschaften mit anderen Frauen schienen mir nicht zu glücken. Schon die Erinnerung an meine erste Kindergartenfreundschaft zeigt ein Muster, das sich bis in mein Erwachsenenleben durchziehen sollte: Ich nahm die Rolle der »People Pleaser«-Annie ein. Ich wollte es anderen rechtmachen, um gemocht und akzeptiert zu werden. Meine eigenen Bedürfnisse nahm ich dabei meistens gar nicht erst bewusst wahr. Rückblickend trug ich wohl den Glaubenssatz in mir, dass ich nur dann liebenswert sei, wenn ich mich den Wünschen anderer anpasse und mich dabei selbst zurücknehme. Mir gefiel die Anerkennung für mein Nettsein so gut, dass ich mich nie getraut hätte, Grenzen zu setzen oder bei Enttäuschungen meine ehrliche Meinung zu sagen. Ich hatte damals zu sehr Angst, plötzlich allein und ohne Freunde dazustehen. Bloß keine Ablehnung riskieren, das war meine unbewusste Devise. Die Folge: Ich zog hauptsächlich Menschen an, die eher auf ihren eigenen Vorteil aus waren und meine mangelnden Grenzen ausnutzten. Ich hatte in meinen Freundschaften viele Verhaltensweisen akzeptiert und als selbstverständlich angesehen, die ich heute nicht mehr dulden würde. So hatte ich beispielsweise nie hinterfragt, wenn nahestehende Personen missgünstig waren oder sich nur dann meldeten, wenn sie etwas von mir brauchten. Es gab Zeiten, in denen – bis auf wenige Ausnahmen wie meine beste Freundin – außerhalb von Partys und spaßigen Unternehmungen niemand für mich da war. Ich wusste nicht, auf wen ich mich wirklich verlassen konnte, und behielt es meistens für mich, wenn ich traurig war. Ich hatte eine vollkommen ungesunde Vorstellung von Freundschaften.*

Als ich dann bereits zum zweiten Mal von einer meiner engsten Freundinnen, mit der ich sogar zusammenwohnte, über Monate hinweg hintergangen und belogen wurde, begann ich sogar diese Situation als meine Normalität anzunehmen: »Ich ziehe einfach immer die falschen Menschen an, und Frauenfreundschaften funktionieren für mich nicht.« Wenn ich all das so niederschreibe, klingt es für mich heute vollkommen absurd, dass ich mich mit so wenig zufriedengegeben habe. Freundschaften sind schließlich dafür da, unser Leben schöner zu machen, und nicht, um es dramatischer, einsamer und trauriger werden zu lassen.

Als ich damals auf Annie-Land begann, mein Leben zu reflektieren, fiel mir auch bei meinen Freundschaften auf, dass ich einen Eigenanteil an den Erlebnissen trug: Ich war schließlich diejenige, die diese Menschen anzog und freiwillig in ihr Leben ließ. Mir wurde klar: Solange ich mich nicht ändere und an meinen Glaubenssätzen und meinen Grenzen arbeite, werde ich weiterhin solche Menschen anziehen und diese Erfahrungen erneut machen.

Biancas Beispiel

» *Wie du weißt, habe ich in meiner Zeit in Berlin oft meinen Job gewechselt. Zu Beginn war immer alles harmonisch und toll. Das neue Team hat sich gefreut, dass ich als Verstärkung da war, und fand meine Arbeit super. Doch nach einer Weile gab es in der Regel unnötig Druck von oben. Mir wurde Misstrauen entgegengebracht, und von Wertschätzung war nichts mehr zu merken. Stattdessen wurde mehr von mir verlangt. Wer Ähnliches durchgemacht hat, weiß, dass es nicht einfach ist, motiviert zu bleiben, wenn das Arbeitsumfeld toxische Züge annimmt. An einem Arbeitsplatz ist es sogar in Mobbing ausgeartet.*

Jahrelang habe ich mir immer wieder gesagt, dass Vorgesetzte nun einmal so sind, und dass sie es ungerechterweise auf mich abgesehen haben. Dieses Muster bestätigte sich ja ständig für mich, daher musste es wohl so sein. Irgendwann kam der Moment, an dem ich nicht nur meinen Job, sondern auch meinen Standort wechseln wollte. Meine Zeit in Berlin wollte ich beenden. Ich machte mir konkrete Gedanken, was ich mir von meinem nächsten Arbeitsplatz wünschen würde. Die geringe Wertschätzung wollte ich hinter mir lassen, genauso wollte ich einen Job, der mich erfüllte und mich in meiner Karriere voranbrachte. Damit versuchte ich, einen festgefahrenen Irrglauben in mir aufzulösen. Ich habe mir bewusst gesagt, dass ich Chefs haben möchte, die meine Arbeit wertschätzen und meine Leistung anerkennen, um meine tief sitzenden negativen Glaubenssätze zu transformieren. Mit der Veränderung meiner inneren Welt passte sich somit meine äußere Welt langsam an, denn genau das habe ich schließlich auch an einem neuen Arbeitsplatz erfahren: eine Chefin, die die Stärken ihrer Mitarbeiter erkennt, sie fördert und auf Augenhöhe mit ihrem Team redet.

REMINDER

Veränderungen funktionieren immer nur von innen nach außen: Erst wenn du deine Ansichten, Gedanken und Gewohnheiten zum Positiven änderst, wird sich auch Schritt für Schritt deine äußere Welt anpassen und zum Besseren ändern – und dafür ist es nie zu spät.

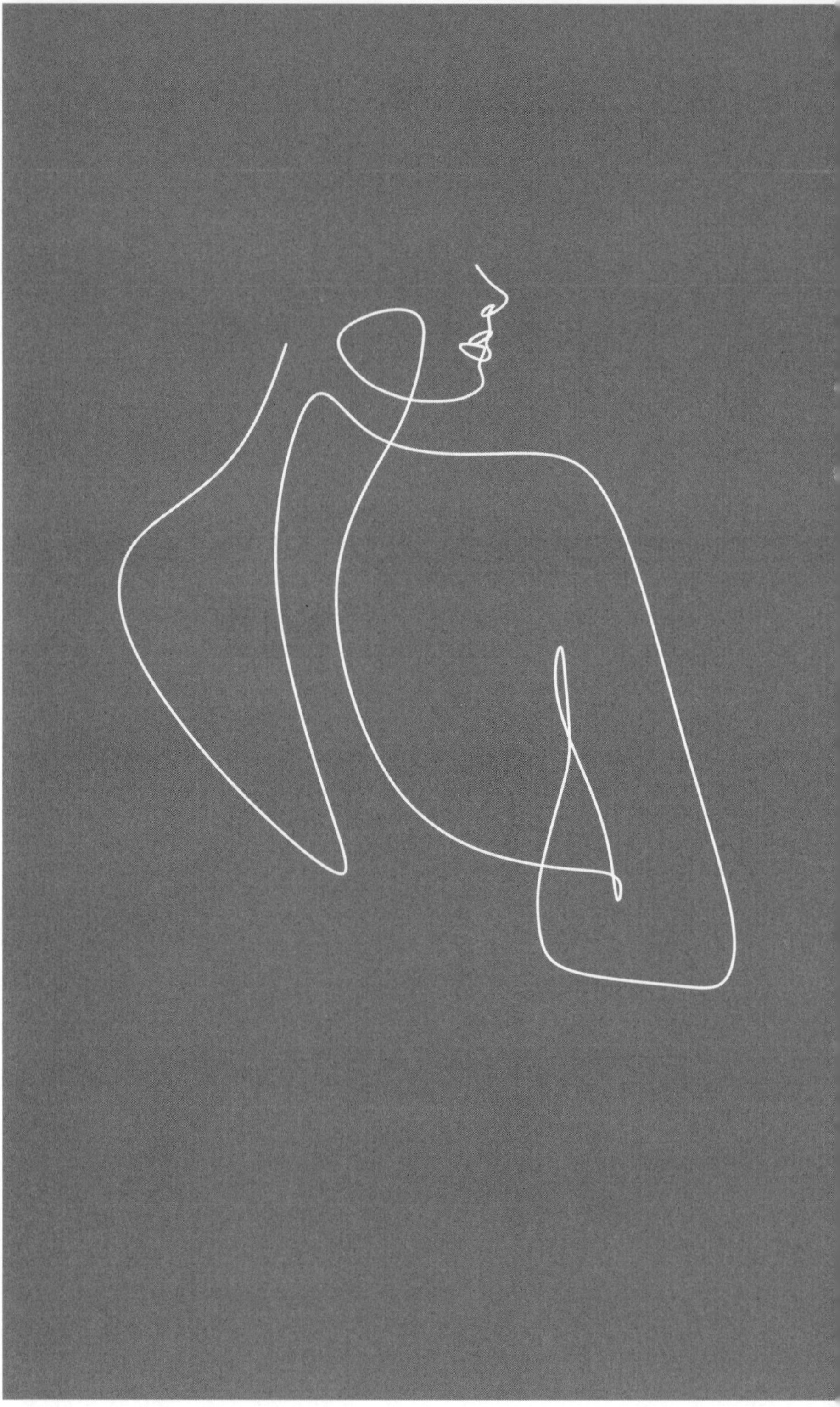

PART II

Was macht eine High Value Frau aus?

Mithilfe dieses Buches wollen wir dir den Pfad ebnen, der dir hilft, zu einer High Value Frau zu werden. Bisher haben wir über viele Grundlagen gesprochen, um dir deutlich zu machen, dass du in der Gestaltung deines Lebensglücks so viel mehr beeinflussen kannst, als dir möglicherweise bewusst ist. Falls dir der Begriff der High Value Frau noch immer etwas abstrakt vorkommt, wollen wir dir nun einige Eigenschaften nennen, die dir das Leben als eine Frau, die ihren Selbstwert an erste Stelle stellt, näher erklärt. Als High Value Frau integrierst du folgende Eigenschaften, Gewohnheiten und Grundsätze in dein Leben:

DU ARBEITEST AN DEINEM MINDSET

Wir haben dir schon gesagt, dass es wichtig ist, die äußeren Umstände nicht immer als gegeben und unveränderbar anzusehen. Dir wird dieser Aspekt immer leichter fallen, wenn du aktiv an einem positiven Mindset arbeitest. Deine Gedanken sind äußerst kraftvoll und haben einen großen Einfluss auf dein Leben. Denn jede Handlung und Entscheidung in deinem Leben ist aus den vorhergegangenen Gedanken entstanden.

Du hast die Macht, deine Gedanken selbst zu steuern und dein Leben auf diese Weise so zu gestalten, wie du es dir schon lange wünschst. Was du denkst und für wahr annimmst, spiegelt sich früher oder später auch immer in deinem Leben wider. Wenn du dazu neigst, dich von Ablehnung, Enttäuschungen und anderen negativen Ereignissen beeinflussen und aus der Bahn werfen zu lassen, ist dieser Punkt auf jeden Fall einer, an dem du weiterhin arbeiten solltest.

Ein positives Mindset zu haben bedeutet, mit einer positiven Grundeinstellung durchs Leben zu gehen, vor allem, wenn die Dinge mal nicht so laufen wie gewünscht. In solchen Momenten schafft es eine High Value Frau mithilfe ihres positiven Mindsets, das Fünkchen Glitzer in einem Haufen voll Mist zu entdecken. Das bedeutet, dass sie sich durch ein negatives Ereignis nicht direkt in eine negative Sichtweise und Gedankenschleifen zurückwerfen lässt. Sondern selbst in unerwünschten, unerwarteten oder unangenehmen Momenten behält sie die Fassung und holt das Beste aus der Situation heraus, indem sie aus ihr lernt und an ihr wächst. Es gehört auch eine lösungsorientierte Denkweise zu einem positiven Mindset. Das bedeutet, dass du bei Herausforderungen deine Energie investierst, um Lösungen zu finden, anstatt sie für negative Grübeleien zu nutzen und über dein Leid zu klagen.

Übung

Seit wir den Glaubenssatz »Alles passiert zu meinem Besten« verinnerlicht haben, bleiben wir selbst in schwierigen Situationen entspannt und zuversichtlich. Stelle dir vor, du verpasst den Bus, obwohl du die letzten Meter extra noch gerannt bist. Nun könntest du dich ärgern, dass du zu spät kommst und auf den nächsten Bus warten musst. Oder du erinnerst dich an deinen positiven Glaubenssatz und vertraust darauf, dass es schon seinen Grund hatte, warum du nicht den geplanten Bus bekommen hast. Vielleicht ist dir dadurch die Begegnung mit einer Person erspart geblieben, oder du wirst genau deswegen jemanden treffen, über den du dich sehr freust. Mit dieser Grundeinstellung erhältst du einen völlig neuen Blickwinkel auf Dinge, die man sonst ganz automatisch negativ ausgelegt hätte.

Ein positives Mindset beeinflusst auch deine Ausstrahlung und Wirkung auf andere. Frage dich einfach mal selbst, ob du deine Mittagspause lieber mit dem miesepetrigen Kollegen verbringst, der alles schlechtredet und ständig meckert, oder mit der Praktikantin, die zuversichtlich durchs Leben schreitet. Wer wirkt auf dich attraktiver?

DU ÜBERNIMMST SELBSTVERANTWORTUNG

Selbstverantwortung heißt, dass wir nicht die Schuld im Äußeren bei anderen oder in den Umständen suchen. Eine High Value Frau weiß, dass sie viele Dinge in ihrem Leben selbst beeinflussen kann. Deshalb fragt sie sich vor allem bei unerwünschten Ereignissen: Welchen Anteil trage ich daran? Viele Menschen scheuen sich davor, Verantwortung zu übernehmen. Doch als High Value Frau realisierst du Folgendes: Immer, wenn wir bei einer Situation rein gar nichts selbst verantworten konnten, beispielsweise bei einem Schicksalsschlag, dann fühlen wir uns hilf- und machtlos, wie ein Opfer des Schicksals oder der Umstände. Doch bei anderen Rückschlägen, beispielsweise bei einer zwischenmenschlichen Enttäuschung, tragen wir immer einen gewissen Anteil dazu bei, dass es so weit gekommen ist. Vielleicht haben wir nicht genügend Grenzen gesetzt oder waren zu gutgläubig. Oder wir hatten noch nicht genügend Lebenserfahrung, um die Situation richtig einordnen zu können. Als High Value Frau freust du dich über diese Erkenntnis. Denn dass du eine Situation zum Teil mitverantwortet hast, bedeutet für dich gleichzeitig, dass du auch die Macht hast, etwas daran zu ändern und so etwas in der Zukunft zu vermeiden, anstatt dich hilflos und ängstlich zu fühlen. Als High Value Frau übernimmst du gerne Selbstverantwortung, weil sie dich dazu befähigt, dein Lebensglück selbst in die Hand zu nehmen.

Übung

Du kannst dein Mindset ganz einfach auf mehr Selbstverantwortung trainieren, indem du dir in schwierigen Situationen immer selbst die Frage stellst: Welchen Anteil trage ich daran? Wenn dich zum Beispiel deine Chefin auf dem Kieker hat, und du dich ehrlich fragst, welchen Anteil du daran trägt, fällt dir vielleicht auf, dass du nach der ersten negativen Erfahrung mit ihr bereits davon ausgegangen bist, dass sie dich nicht mag. Unterbewusst wirst du dich dann von diesem Glaubenssatz leiten lassen und dich gar nicht mehr bemühen, eine Verbindung zu ihr aufzubauen. Wenn du ehrlich zu dir selbst bist, fällt dir auf, dass du mit anderen Kollegen offener und freundlicher umgehst und gerne auf sie zugehst, während du deine Chefin eher meidest. Oder es wird dir bewusst, dass du weniger Leidenschaft in die Arbeit gesteckt hast, nachdem sie dein letztes Projekt kritisierte.

Selbstverantwortung zu übernehmen erfordert radikale Selbstreflexion und Ehrlichkeit sich selbst gegenüber. Schicksalsschläge, wie beispielsweise ein unerwarteter Todesfall, sind hier natürlich eine Ausnahme, und es gibt selbstverständlich auch Fälle, in denen uns jemand wirklich nicht leiden mag, obwohl wir nichts dazu beigetragen haben. Aber selbst wenn wir nicht immer beeinflussen können, was uns im Äußeren widerfährt, können wir in diesen Momenten die Kontrolle über unsere Gedanken übernehmen und somit unsere Reaktionen beeinflussen. Auch das bedeutet es, Selbstverantwortung zu übernehmen: Wir können uns gehenlassen und in negative Gedankenschleifen verfallen, oder wir können unter widrigen Umständen Verantwortung für ein positives Mindset übernehmen. Denn kein Mensch und keine Situation kann dir dauerhaft die Macht über deine Gedanken und deine Stimmung nehmen.

DU ZELEBRIERST DANKBARKEIT

Dankbarkeit nimmt einen festen Platz im Leben einer High Value Frau ein. Das Prinzip der Dankbarkeit geht mit einem bewussten und achtsamen Leben einher. In Dankbarkeit leben bedeutet nicht, dass wir uns nur über die großen Dinge im Leben freuen. Es bedeutet vielmehr, dass wir den Fokus unseres Gehirns schärfen und auch auf die kleinen, oft als selbstverständlich empfundenen Dinge im Alltag setzen, wie die gut duftenden Frühlingsblumen, das nette Lächeln des Bäckers oder die Tatsache, dass der Regen genau in der Zeit aufgehört hat, als wir auf dem Weg zur Arbeit waren.

Unser Gehirn hat evolutionspsychologisch bedingt einen Negativity Bias, auf Deutsch: einen Negativitätsfokus. Das bedeutet, dass sich das Gehirn viel stärker an Negatives als an Positives erinnert. Früher, in der Steinzeit, war das für uns Menschen überlebensnotwendig: Uns daran erinnern zu können, wo ein gefährlicher Säbelzahntiger lauert, war wichtiger, als zu wissen, wo wir einen schönen Sonnenuntergang sehen können. Heutzutage fällt uns der Negativitätsfokus unseres Gehirns allerdings eher zur Last, vielleicht kennst du das: Du bist jahrelang in einer bereichernden Freundschaft oder Partnerschaft, bis es eines Tages zu einem heftigen Streit kommt. In diesem Moment vergessen wir plötzlich die unzähligen schönen Erinnerungen und nehmen nur diese eine schlechte Situation verstärkt wahr. Dankbarkeit kann uns auch hier helfen. Mit ihrer Hilfe können wir unser Gehirn Tag für Tag neu trainieren, sodass wir den Fokus immer mehr auf das Gute lenken und es zu schätzen lernen.

Übung

Schreibe dir jeden Abend vor dem Schlafengehen zehn Sachen auf, für die du an diesem Tag dankbar warst. Wenn es schnell gehen muss, kannst du es auch einfach in Gedanken durchgehen. Du wirst schon nach wenigen Tagen merken, dass du während deines Alltags, in dem jeweiligen Moment, bereits die kleinen, schönen Dinge des Lebens bewusster wahrnimmst, die du bisher eher als selbstverständlich oder gar nicht gesehen hast. Ein schöner Nebeneffekt der Dankbarkeit ist, dass wir sie zudem als akuten Stimmungswechsler für uns nutzen können. Wir können nicht Dankbarkeit und gleichzeitig Angst, Wut oder Trauer empfinden. Probiere es mal aus, wenn du dich das nächste Mal über etwas ärgerst, deinen Fokus umzulenken auf etwas, wofür du dankbar bist.

DU VERFOLGST DEINE ZIELE

Eine High Value Frau kennt sich selbst so gut, dass sie auch ganz genau weiß, wo sie im Leben hinwill, und sie ist bereit, für dieses Traumleben zu arbeiten. Psychologisch gesehen tragen Ziele zu einem höheren Glücks- und Zufriedenheitslevel bei. Vor allem, wenn die Ziele in unseren Augen einen höheren Sinn verfolgen. Deshalb ist es auch bei unseren Jobs wichtig, dass wir das Gefühl haben, einer sinnstiftenden Tätigkeit nachzugehen, die unserem Leben eine Bedeutung gibt. So entsteht beispielsweise ein Burnout oft – entgegen der weitverbreiteten Annahme – nicht nur aus einer Überforderung heraus, sondern auch deshalb, weil in der Tätigkeit kein Sinn (mehr) erkannt wird. Ziele zu verfolgen macht uns glücklich, weil wir dadurch unsere Selbstwirksamkeit erleben und realisieren, wie viel wir in unserem Leben selbst beeinflussen können. Wenn du dir, sei es beruflich oder privat, regelmäßig Ziele setzt und diese auch erreichst, bestätigst du dir damit, dass du aktiv zu einer fundamentalen Veränderung beitragen kannst. Du erkennst, dass du nicht immer in der wartenden Position bleiben musst, sondern dass du Einfluss auf dein eigenes Lebensglück nehmen kannst.

Es gibt noch einen weiteren simplen Grund, warum uns Lebensziele glücklicher machen: Die Gedanken in unserem Gehirn sind wie Pflanzen, die stets weiterwachsen. Wenn wir nicht aktiv jene Gedanken, die wir uns wünschen, kultivieren, wuchert einfach Unkraut, also negative Grübeleien und Gedankenschleifen. Das heißt, wenn sich unsere Gedanken um unsere Ziele drehen, ist unser Gehirn mit positiven Themen beschäftigt, die uns Freude bereiten, anstatt in negativen Grübeleien gefangen zu sein. Außerdem werden in unserem Gehirn auch bei der Zielerreichung Belohnungsmechanismen ausgelöst, die für weitere Glücksgefühle sorgen.

Ein schöner Nebeneffekt: Ambition wirkt auch auf andere attraktiv. Eine High Value Frau, die ihre Träume verfolgt, trägt Leidenschaft und Selbstvertrauen in sich. Solche Menschen gelten häufig als inspirierende Vorbilder, da sie nicht der Masse, sondern ihren eigenen Zielen folgen und fest daran glauben, sie erreichen zu können. Ambition geht auch häufig mit einem energiegeladenen, charismatischen Auftreten einher, da man für seine Ziele vor anderen einstehen und kämpfen muss.

DU ARBEITEST AN DEINER RESILIENZ

Resilienz ist unsere Widerstandsfähigkeit. Sie sagt aus, wie schnell wir nach einem Rückschlag wieder gestärkt aufstehen können. Eine High Value Frau nutzt Resilienz als ihre geheime Superpower. Während andere noch am Boden liegen und sich selbst bemitleiden, wenn sie einen unerwarteten Rückschlag erlitten haben, ist eine High Value Frau längst wieder back on track. Sie sieht jede unerwünschte Wendung und jeden Stolperstein als Chance, um noch weiter über sich hinauszuwachsen. Sie weiß, dass sie mit jedem Mal, wo sie es schafft, wieder aufzustehen, aus der Situation zu lernen, Lösungen zu finden und weiterzumachen, an enormer mentaler Stärke gewinnt, die ihr niemand mehr nehmen kann.

DU INVESTIERST AM MEISTEN IN DICH SELBST

Als High Value Frau investierst du regelmäßig und am meisten in dich selbst und in deine persönliche Weiterentwicklung. Dein Seelenleben sollte für ein glückliches Leben in Balance sein, und um das zu schaffen, solltest du Liebe, Energie, Zeit und Geld für dich selbst – und damit auch für deinen eigenen Wert – reservieren. Das ist wie bei jedem anderen Investment. Je mehr wir aufwenden, desto wertvoller wird diese Sache oder Person für uns. Somit gilt: Je mehr Ressourcen du in dich und dein Weiterkommen steckst, desto mehr steigt dein Selbstwertgefühl. Du wirst merken, dass sich diese Investitionen als die wertvollsten in deinem Leben bezahlt machen werden. Denn alles, was du in dir trägst, kann dir niemand mehr nehmen.

Stelle dir vor, du baust dein eigenes Business auf: Dafür investierst du in neues Wissen und ein resilientes Unternehmer-Mindset. Nun kommt eine Wirtschaftskrise, und das Unternehmen geht insolvent. Du lernst: Alles Materielle oder Dinge, die in Abhängigkeit von anderen Menschen stehen, wie eine wichtige berufliche Beziehung mit potenziell lukrativen Aufträgen, kann dir jederzeit genommen werden. Aber dein Wissen bleibt, und du könntest dir auch nach einer Krise jederzeit wieder ein Unternehmen aufbauen. Was allerdings den wahren Unterschied macht, sind unsere inneren Ressourcen, unser Mindset: Wenn du in den Jahren als Unternehmerin gelernt hast, deine Resilienz weiter auszubauen, um schnell und gestärkt nach Rückschlägen weiterzumachen, wird dir genau diese Eigenschaft helfen, keine unerwarteten Ereignisse mehr zu fürchten. Denn dadurch trägst du alles, was du brauchst, immer in dir selbst. In Zukunft wirst du merken, dass du schwierige Situationen besser meistern wirst, weil du dir selbst helfen und auf dein Potenzial vertrauen kannst. Da du mit der Zeit immer mehr siehst, welche Früchte deine Investitionen tragen, wird es für dich selbstverständlich und einfach sein, weiterzumachen, um dich immer mehr weiterzuentwickeln. Auf Dauer steigt zudem die Anforderung an dein Umfeld, mit deinem Level mitzuhalten, oder du wirst neue Leute anziehen, die auf deinem Stand sind. Ganz natürlich ergibt es sich, dass du deine Zeit hauptsächlich mit Menschen verbringst, die auch dich zu einem besseren Menschen machen und dein Weiterkommen fördern, anstatt dich zurückzuhalten.

DU SETZT EIGENE GRENZEN

Je mehr du in dich investierst, desto mehr schätzt du deine Ressourcen wie Liebe, Zeit, Energie und Geld. Auf diese Weise gehst du viel sorgsamer und wertschätzender mit ihnen um. Eine High Value Frau weiß, dass nicht jede und jeder ihre kostbare Zeit, Aufmerksamkeit und Energie verdient. Dir wird es dadurch leichter fallen, auch einmal »Nein« zu sagen, wenn du merkst, dass dir Dinge nicht guttun. Ganz von allein wird sich dadurch dein Selbstwert so stark etablieren, dass du für dich nur noch das Beste willst und dein Wohlergehen an erste Stelle setzt.

Grenzen setzen will gelernt sein. Annie weiß aus ihren Coachings, dass dieser Teil den meisten Klientinnen erst mal sehr schwerfällt. Auch für uns war es anfangs mit Überwindung verbunden. Wenn du jahrelang als People Pleaser gelebt hast und unterbewusst die Ablehnung anderer um jeden Preis vermeiden wolltest, wird es eine Herausforderung sein, nun Leute möglicherweise vor den Kopf zu stoßen, weil du deine eigenen Bedürfnisse priorisierst. Vor allem, wenn es dein Umfeld schon von dir gewohnt ist, dass du jederzeit parat stehst und dich nach ihm richtest. Aber hier darfst du uns vertrauen, dass du dadurch, Grenzen zu setzen und für deine eigenen Bedürfnisse zu einstehen, immer nur die falschen Menschen verlieren oder abschrecken wirst. So kannst du auch einmal einer Freundin absagen, wenn sie dich fragt, ob du ihr am Wochenende bei ihrem Umzug helfen kannst. Wenn du für dich merkst, dass du dieses Wochenende einfach etwas ruhiger angehen möchtest und Zeit für dich brauchst, ist das völlig in Ordnung. Sie wird vielleicht zunächst etwas enttäuscht sein. Dennoch wird sie an dein Wohlergehen denken und Verständnis dafür haben, dass du in erster Linie auf dich selbst achten musst. Vielleicht hast du schon mal den Spruch gehört, dass du anderen nur etwas einschenken kannst, wenn dein eigenes Glas voll ist. Sollte deine Freundin jedoch eingeschnappt reagieren und auch mit etwas Abstand noch nicht selbstreflektiert erkennen, dass ihre Reaktion übertrieben war, kannst du dankbar sein, dass du nun eine Person weniger in deinem Umfeld hast, die primär nur nehmen statt auch geben möchte.

Biancas Beispiel

»*Wer kennt das nicht: Wir werden gefragt, ob wir Trauzeugin sein wollen oder nach Feierabend nur kurz noch beim Möbelaufbau helfen können … Die Liste lässt sich beliebig fortsetzen. Was all diese Gefälligkeiten gemeinsam haben: Es fällt uns schwer, »Nein« zu sagen. So ging es mir früher jedenfalls häufig. Ich hatte was mit Freunden ausgemacht und fühlte mich nach einer langen Arbeitswoche alles andere als motiviert, abends noch um die Häuser zu ziehen. Aber absagen, das traute ich mich nicht. Denn … ja, warum eigentlich? Es wäre doch nur nachvollziehbar, wenn ich den Menschen, mit denen ich mich verabredet hatte, erklären würde, dass eine stressige Arbeitswoche hinter mir lag, mit Schichtdienst und wenig Schlaf. Ein Abend auf dem Sofa mit einem Buch wäre daher genau das Richtige für mich, vor allem, wenn die Aussicht auf mein Bett schon ab 21 Uhr sehr verlockend für mich ist. Das klingt doch nachvollziehbar, oder?*

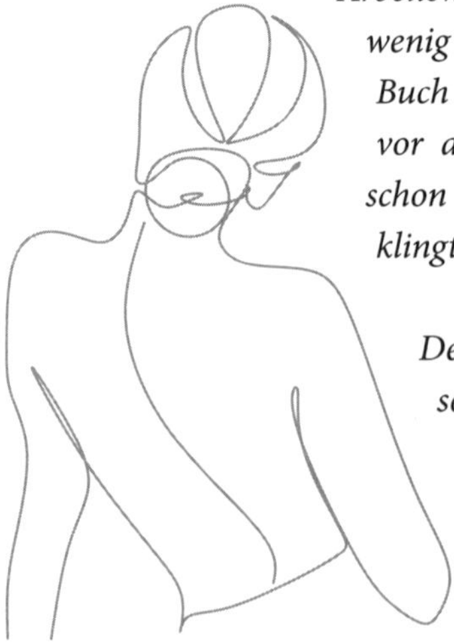

Dennoch fiel es mir jahrelang schwer, mich selbst an die erste Stelle zu setzen und Grenzen zu ziehen, wenn es um meine eigenen Bedürfnisse ging. Doch mit den Jahren lernte ich, dass ein »Nein« zu einer an-

deren Person ein »Ja« für mich selbst war. Denn auf diese Weise hörte ich auf das, was mir guttun würde, und achtete nicht mehr nur darauf, anderen eine Gefälligkeit zu tun. Menschen, die dir wohlgesonnen sind, werden vielleicht das eine oder andere Mal enttäuscht sein, wenn du eine Verabredung absagst. Immerhin habt ihr euch was Schönes vorgenommen. Aber sie werden es trotzdem nachvollziehen können.

Ein weiteres Beispiel für Grenzen setzen war bei einer Trennung. Ich hatte mich mit diesem Menschen ein halbes Jahr lang getroffen und schon von einer gemeinsamen Zukunft geträumt. Aber er konnte diese Zukunft in Form einer Beziehung für uns beide nicht sehen. Auch wenn für ihn sonst alles »perfekt« war, ließ ich ihn ziehen. Denn ich kannte meine Grenzen, ich kannte meinen Selbstwert, und mit weniger wollte ich mich nicht zufriedengeben. Du siehst, Grenzen setzen hat viele Facetten. Aber klein anfangen und sich öfter mal für die eigenen Bedürfnisse entscheiden ist etwas, das wir alle nach und nach lernen müssen.

DEIN LEBEN IST IN FÜLLE

Als High Value Frau realisierst du, dass im Leben alles in Fülle verfügbar ist. Mangeldenken gehört bei dir der Vergangenheit an. Doch was genau heißt das, dass alles in Fülle vorhanden ist? Chancen, Geld, potenzielle Traumbeziehungen, der perfekte Job, Freunde und Freundinnen, auf die wir uns verlassen können, all das ist in Fülle vorhanden – das heißt, wenn wir eine Chance vermasselt haben, eine Freundschaft zu Ende gegangen ist oder wir eine Fehlinvestition getätigt haben, wissen wir, dass es kein Weltuntergang ist. Natürlich sind solche Ereignisse trotzdem mit negativen Emotionen verbunden und brauchen gegebenenfalls etwas Verarbeitungszeit. Dennoch kannst du solche Enttäuschungen und Rückschläge mit einem Fülle-Mindset wesentlich schneller loslassen, als wenn in dir das Mangeldenken vorherrscht. Mangeldenken ist das Mindset, das bei den meisten Menschen, die sich noch nicht aktiv mit ihrer inneren Einstellung auseinandergesetzt haben, dominiert und durch die Erziehung entstanden ist:

- Wir gönnen uns selten etwas, weil wir gelernt haben, dass Geld Mangelware ist.
- Wir trauen uns nicht, unseren Partner zu verlassen, denn gute Männer sind angeblich rar.
- Wir trauen uns nicht, zu kündigen, denn wie sollten wir denn einen anderen Job mit mehr Gehalt finden?

All diese Gedanken erschweren dir das Loslassen und suggerieren dir, dass es von allem Guten im Leben nur ganz wenig gibt. Deswegen halten wir viel zu lange an Dingen und Personen fest, die uns nicht guttun. Wir geben uns mit weniger zufrieden oder fühlen uns der Hoffnung beraubt, dass sich jemals irgendetwas bessern könnte. Das ist allerdings ein antrainierter Irrglaube. Dieses Mindset erschwert es dir nur, die Fülle um dich herum überhaupt wahrzunehmen. Dabei würde dein Leben so viel entspannter und unbeschwerter verlaufen, wenn du bei jedem Abschied darauf vertraust, dass früher oder später etwas Neues und Besseres in dein Leben treten wird – weil alles in Fülle vorhanden ist. Du kannst dir sogar aktiv die Grundeinstellung antrainieren, dass, wenn etwas nicht funktioniert, wie du es dir erhofft hast, es nur daran liegt, dass es für dich noch weitere viel bessere Optionen da draußen gibt – analog zu dem Glaubenssatz »Alles passiert zu meinem Besten« –, dass die eine Sache oder die eine Person ihren Zweck erfüllt hat und für genau diesen Lebensabschnitt gut war. Als High Value Frau verinnerlichst du dieses Mindset und schreckst daher nicht davor zurück, loszulassen. Wenn du allerdings davon ausgehst, dass es kaum passende Lebenspartner, Jobs, Wohnungen, Freunde etc. gibt, werden Ängste und Traurigkeit dein Leben dominieren. Was ebenfalls mit einem Mangel-Mindset einhergeht, ist Neid. Wenn du unterbewusst glaubst, dass es nicht genügend Erfolgschancen, Geld oder Partner für alle gibt, wirst du anderen ihr Glück neiden. Obwohl es für unseren rationalen Verstand total absurd klingt, entsteht in Neidsituationen unterbewusst die trügerische Annahme, dass, wenn die andere Person jetzt etwas hat, wir es nicht mehr bekommen können. Wenn du hingegen davon ausgehst, dass Erfolg und Chancen in Fülle und zu Genüge für jede und jeden vorhanden sind, kannst du dich mit vollem Herzen auch für andere freuen.

DU VERGLEICHST DICH NICHT

Womit wir schon beim nächsten Punkt wären: Eine High Value Frau kennt ihren Wert, der unter anderem auch auf ihrer Einzigartigkeit basiert. Daher weiß sie, dass sie mit niemandem vergleichbar ist. Aufgrund ihres Fülle-Mindsets ist ihr bewusst, dass das Weiterkommen einer anderen Person ihren eigenen Erfolg nicht beeinträchtigt. Als High Value Frau siehst du das Gelingen von anderen als Inspiration und Beweis dafür, dass du es auch schaffen kannst, anstatt ihnen ihr Weiterkommen zu neiden. Vergleiche mit anderen schmälern unser Glück und vergrößern unsere Unzufriedenheit. Es spielt keine Rolle, wie gut, witzig, hübsch oder sportlich wir sind – wenn wir es darauf anlegen, werden wir immer jemanden finden, der besser aufgestellt ist. Dennoch liegt das Vergleichen in der menschlichen Natur. Auch hier stecken verschiedene psychologische Motive dahinter, wieso wir uns ständig vergleichen. Da uns das Verständnis, warum wir zu gewissen Verhaltensweisen neigen, es einfacher macht, diese Muster zu durchbrechen, möchten wir kurz näher darauf eingehen.

Zum einen lernt der Mensch durch soziale Vergleiche und Beobachtungen, sein eigenes Verhalten gesellschaftlich einzuordnen. Wir brauchen einen Maßstab, um einschätzen zu können, was gesellschaftlich erstrebenswert und akzeptiert ist. Außerdem greift hier das psychologische Grundbedürfnis der Selbstwerterhaltung. Da wir danach streben, unseren Selbstwert hochzuhalten, dient der Vergleich mit anderen als Einordnung für uns, wo unsere Stärken und Schwächen liegen. Hinzukommt unser Zugehörigkeitsbedürfnis: Wir möchten Teil einer Gruppe sein, denn evolutionstechnisch hat dies unser Überleben gesichert. Das Vergleichen ermöglicht uns, herauszufinden, zu welcher Gruppe wir am besten passen. Die vierte Ursache für Vergleiche erfüllt auch heute noch einen positiven Zweck: Durch die Vergleiche mit anderen und dem, was sie bereits erreicht haben, fühlen wir uns motiviert und inspiriert, das Gleiche schaffen zu können. Wenn wir Vergleiche hauptsächlich hierfür nutzen, ist das natürlich zu unserem Vorteil. Vielleicht hast du schon mal gehört, dass die einzige Person, mit der du dich vergleichen solltest, dein vergangenes Ich ist. Alle anderen Vergleiche sind gar nicht eins zu eins möglich, da wir alle unterschiedliche Startvoraussetzungen haben. Allerdings nutzen auch wir persönlich den Vergleich zu anderen, die bereits dort sind, wo wir gerne wären. Hierbei macht deine Perspektive den Unterschied. Denkst du: »Wow, wie inspirierend. Wenn sie das geschafft hat, werde ich es auch schaffen«? Oder zieht es dich eher runter, und du fühlst dich im Vergleich zu jemandem, der schon weiter ist als du, einfach nur schlecht und fragst dich, wieso du noch nicht dort bist? Im Endeffekt sind solche Situationen ein Indiz dafür, wie es um deine Selbstbeziehung steht: Motivierst du dich selbst und sprichst wie deine beste Freundin zu dir, oder dominiert bei dir die innere Kritikerin, die dich neben jeder anderen Person immer schlechter dastehen lässt?

Fassen wir also zusammen: Als High Value Frau vergleichst du dich entweder nur mit deiner vergangenen Version, um deinen Fortschritt zu würdigen, oder du nutzt Vergleiche als Inspiration.

WAS ANDERE ÜBER DICH DENKEN, IST DIR EGAL

Als High Value Frau widmest du dich und deinem Inneren, anstatt dich auf die Meinung und Bestätigung anderer zu fokussieren. Dir ist es wichtig, dass du dich wohlfühlst und du mit dir selbst glücklich bist. Der Gedanke, was deine Außenwelt von dir halten könnte, spielt kaum eine Rolle für dich. Als High Value Frau vertraust du immer zuerst auf deine Meinung und Einschätzung. Selbst wenn von außen Kritik oder gar Abwertendes kommt, reagierst du zwar immer selbstreflektiert, aber lässt dich nicht automatisch verunsichern. Außerdem differenzierst du auch, ob die Meinung von einer nahestehenden Person kommt, auf deren Rat du Wert legst. Eine solche Person meint es vermutlich nur gut und möchte in erster Linie dein Weiterkommen fördern. Demgegenüber steht, dass du dir die Meinung von allen Menschen direkt zu Herzen nimmst und deine eigene Ansicht hinterfragst.

LOSLASSEN FÄLLT DIR LEICHT

Deine Vorgesetzte schätzt dich und deine Arbeit nicht, deine Gehaltserhöhung wurde zum dritten Mal abgelehnt, und du machst ständig Überstunden? Als High Value Frau wirst du in so einer Situation früher oder später die Konsequenzen ziehen. Loslassen geht auch immer mit Grenzen setzen und einem Fülle-Mindset einher. Menschen, die dich nicht deinem Wert entsprechend behandeln, haben dauerhaft nichts in deinem Leben zu suchen. Du kennst deinen Wert und akzeptierst nichts mehr, was darunterliegt. Leider werden solche Menschen und Situationen hin und wieder deinen Weg kreuzen.

Aber das ist in Ordnung, daran wächst du und entwickelst dich weiter. Jedes Mal, wenn du Grenzen setzt und dich gegen jemanden oder etwas entscheidest, der oder das dir nicht guttut, entscheidest du dich wieder für deine Selbstliebe. Du verankerst deinen eigenen hohen Wert, wenn du dir sagst: »Bis hierhin und nicht weiter.«

Das gilt vor allem im Liebesleben. Wir müssen manchmal akzeptieren, dass gewisse Menschen nicht zu uns passen und deswegen auch niemals unsere Standards erfüllen könnten. Mit diesen Menschen an unserer Seite würden wir niemals langfristig glücklich sein können. Weiterhin an ihnen festklammern würde dir nur schaden. Du hast selbst die Wahl: Du kannst an der falschen Person festhalten und leiden – oder du kannst sie loslassen und Platz für Besseres schaffen. Wichtig ist nur, dass du dir vor Augen hältst, dass es in Fülle andere Chancen für dich da draußen gibt. Egal, ob ein passender Job oder liebevoller Partner, die anderen Optionen werden dich mit Sicherheit mehr erfüllen, als wenn du an einer Notlösung festhältst.

Als High Value Frau lebst du daher nach diesem Grundsatz: Wenn dich etwas nicht glücklich macht und es nicht in deiner Macht steht, es zu ändern, dann akzeptiere die Situation, wie sie ist, und lasse sie los. Dafür ist es wichtig zu lernen, genauer hinzuschauen und auf deine Gefühle zu hören. Du wirst merken, dass du mit der Zeit immer schneller erkennst, wer und was dir nicht guttut. In diesen Fällen solltest du dich dann fragen: Warum halte ich weiterhin daran fest? Vermutlich stecken Glaubenssätze dahinter wie »Ich habe nichts Besseres verdient« oder »Ich bin nicht gut genug«. Sie fördern ein mangelndes Selbstwertgefühl und nehmen dir das Selbstvertrauen, dass du etwas Besseres kriegen wirst. Aber als High Value Frau weißt du, dass du mehr als nur die Notlösung und das absolute Minimum verdient hast. Du lässt los. Manchmal kommt zwar nicht sofort ein Ersatz daher. Aber du vertraust darauf, dass die richtige Option für dich da draußen wartet. Vor allem weißt du auch, dass du alles in dir trägst, um etwas Besseres anzuziehen, und dass du das auch verdienst.

DEIN VERTRAUEN VERLÄSST DICH NIE

Auch eine High Value Frau kann nicht immer gut gelaunt sein. Wir durchleben hin und wieder mal schlechte Tage, und negative Gedanken machen sich breit. Doch das ist noch lange kein Grund, dass du deine komplette innere Arbeit ignorierst und verwirfst. Egal, wie schwarz dein Alltag gerade aussieht, tief in deinem Inneren weißt du, dass auch wieder bessere Zeiten kommen. Du gibst dein Vertrauen in dich selbst nie auf, denn du weißt, dass du nur das Beste verdient hast. Du vertraust aber nicht nur auf dich selbst und deine Fähigkeiten, sondern besitzt außerdem das Grundvertrauen ins Leben, dass sich – sofern du auch proaktiv dafür arbeitest – früher oder später alles fügen und deine (innere) Arbeit belohnt werden wird. Wieso solltest du nicht irgendwann einen besseren Job haben? Warum solltest du die einzige Person auf der Welt sein, die niemals einen passenden Partner finden könnte? Solche Gedankengänge resultieren nur aus negativen Glaubenssätzen. Aber an ihnen ist nichts Wahres dran. Zur richtigen Zeit und am richtigen Ort wirst auch du deinem Glück begegnen. Das weißt du, und darauf vertraust du.

DU HAST DISZIPLIN UND DURCHHALTEVERMÖGEN

Es gibt Menschen, die grundsätzlich viel zu streng mit sich selbst sind, aber überwiegend mangelt es den meisten eher an Disziplin. Vor allem, wenn nicht sofort Ergebnisse zu sehen sind, neigen viele dazu, aufzugeben und Ausreden dafür zu finden, wieso etwas nicht funktioniert, oder warum sie es nicht weiterverfolgen werden. Doch dadurch wächst innerlich die eigene Unzufriedenheit, und das Selbstvertrauen schrumpft. Denn mit dieser Haltung beweist man sich nur immer wieder selbst: »Ich schaffe es einfach nicht.« Dadurch wird es noch schwerer, seine eigenen Ziele zu erreichen.

Zum Leben einer High Value Frau gehört somit ein gewisses Maß an Disziplin und Durchhaltevermögen. Auch bei der inneren Arbeit wirst du die meisten Früchte erst mit der Zeit ernten können. Doch wenn du kontinuierlich an dir und dem Wohlergehen deines Inneren arbeitest, wirst du definitiv merken, dass es funktioniert. Das bedeutet allerdings, selbst an Tagen dranzubleiben, an denen du nicht so motiviert bist. Disziplin fängt dort an, wo die Motivation aufhört. Gerade wenn wir uns etwas Neues vornehmen, macht uns die Aussicht auf die Zielerreichung bereits kurzfristig glücklich. Wir sind aufgeregt und oft sogar übermotiviert. Vor lauter Anfangsmotivation wollen wir sofort starten und alles auf einmal angehen. Doch dann vergehen die ersten beiden Wochen, und wir sehen noch kein einziges der gewünschten Ergebnisse. Vielleicht fühlen wir uns sogar erst einmal schlechter, weil wir so viel Zeit und Energie in das neue Ziel investieren. Häufig läuft es dann auch nicht so schnell und einfach, wie anfangs erwartet. Und schon sind die meisten an dem Punkt angelangt, an dem sie frustriert das Handtuch werfen.

Doch eine High Value Frau weiß, dass sie nur durch Kontinuität ihre Ziele erreichen wird. Sie sieht jeden Tag, an dem sie dranbleibt, bereits als Fortschritt und Erfolg, anstatt sich nur auf das Endziel zu fokussieren. Sie priorisiert keine sogenannten Short-Term-Benefits – kurzweilige Vorteile –, sondern ihr langfristiges Wohlergehen. Daher richtet sie ihre alltäglichen Entscheidungen nach den Auswirkungen auf ihr Zukunfts-Ich aus, anstatt nur an das Vergnügen und die Bequemlichkeit im Hier und Jetzt zu denken.

DU KANNST ZEIT MIT DIR ALLEIN VERBRINGEN

Fällt es dir schwer, Zeit mit dir selbst zu verbringen – ohne große Ablenkung? Eine High Value Frau ist gerne mal allein und genießt diese Zeit. Sie bevorzugt es auch, solo unterwegs zu sein, als Zeit mit den falschen Menschen zu verbringen.

Eine High Value Frau hat erkannt, dass Zeit mit sich selbst ein wertvolles Investment ist. Regelmäßige Me-Time ist essenziell, um dein Leben und alles, was gerade passiert, zu reflektieren und zu verarbeiten. Wenn du einmal in den Genuss von bereichernder und wohltuender Zeit nur mit dir gekommen bist, wirst du sie dir freiwillig immer wieder einplanen und diese Momente sogar vermissen, wenn du mal zu viel um die Ohren hast.

DEIN HERZ IST VOLLER LIEBE

Selbstliebe ist ein großer Punkt, um ein erfülltes und glückliches Leben zu führen. Aber auch die Liebe für deine Mitmenschen ist etwas, das dich zur High Value Frau macht. Als High Value Frau hast du erkannt, dass Liebe immer über falschen Stolz und dein Ego siegen sollte. Auf diese Weise zeigst du dich verwundbar und beweist zugleich Stärke. Dir fällt es leicht, zu verzeihen und in verzwickten Situationen auch mal auf andere zuzugehen. Das heißt konkret, dass du in einem Streit die Stärke hast, den ersten Schritt zu machen, deine Fehler einzugestehen und dich zu entschuldigen. Oder dass du in der Liebe nicht aus Stolz heraus Spielchen spielst und dich als unnahbar gibst, sondern zu deinen Gefühlen stehst und erkennst, dass das wesentlich selbstbewusster ist, als sie zu verstecken.

Dabei sollte es dir egal sein, wie andere Personen auf dein Verhalten reagieren. Denn mit dieser Einstellung siehst du die Menschen mit den Augen der Liebe. Das bedeutet, wenn du beispielsweise mutig auf jemanden zugehst und dich verwundbar zeigst, die andere Person darauf allerdings nicht wie erwünscht reagiert oder dich ignoriert, wirst du es ihr nicht übelnehmen. Menschen mit den Augen der Liebe zu betrachten bedeutet, die Größe zu haben, zu erkennen, dass die andere Person in den seltensten Fällen aus einer bösen Absicht heraus handelt. Manche haben es einfach noch nicht besser gelernt und sind aufgrund ihrer ganz persönlichen Vergangenheit und alten Verletzungen noch nicht auf derselben Ebene der Persönlichkeitsentwicklung wie du angekommen. Jeder Mensch hat sein eigenes Tempo und agiert meist nach dem besten Wissen, das er zu dieser Zeit hat. Genauso müssen wir auch akzeptieren, dass manche Personen nie solche Einsichten und Erkenntnisse erreichen werden wie du auf deiner aktuellen Reise. Auch das sollten wir nicht persönlich nehmen.

Ein Grundsatz, den du als High Value Frau haben solltest, ist es, so zu leben, dass du nichts bereust. Cool tun bringt dich oftmals nicht weiter. Im Gegenteil, es lässt dich vielleicht irgendwann mit Zweifeln zurück: Was wäre denn, wenn du nach einem größeren Streit doch auf deine Jugendfreundin zugegangen wärst und ihr verziehen hättest, anstatt dich zurückzuziehen? Es sollte dir nicht peinlich sein, auch wenn du vielleicht mit Ablehnung konfrontiert wirst, weil die andere Person abblockt. Du bist ihr mit Liebe begegnet und wirst dir aufgrund deines Verhaltens keine Vorwürfe machen oder Reue empfinden. Denn du hast die Situation mit der Güte und Liebe gemeistert, wie du es dir selbst von anderen gewünscht hättest.

Und du wirst es nun loslassen können, ohne noch lauter offene »Was wäre, wenn …«-Fragen unterbewusst mit dir herumzuschleppen. Eine High Value Frau weiß: Wer mit Liebe lebt, wird nichts bereuen müssen. Im Zweifelsfall entscheidet sie sich daher für Liebe und Großzügigkeit.

DU TUST GUTES

Mit Liebe leben beinhaltet noch einen weiteren Aspekt, der von vielen Menschen unterschätzt und vernachlässigt wird. Als High Value Frau priorisierst du zwar dein Wohlbefinden, allerdings nutzt du deine dadurch gewonnene Energie auch, um eine Bereicherung für andere Menschen zu sein. Du hast ein aufrichtiges Interesse daran, anderen zu helfen, und zwar nicht nur, wenn du selbst einen unmittelbaren Nutzen daraus ziehst.

Als High Value Frau ermutigst und inspirierst du andere, ebenfalls das Beste aus sich herauszuholen. Das muss nicht auf der großen Bühne oder in Form einer gemeinnützigen Organisation geschehen. Unser Alltag bietet uns zahlreiche Möglichkeiten, auch mit kleinen Gesten ein guter Mensch zu sein und anderen das Leben zu verschönern.

Viele denken, dass sie das schon machen würden. Doch wenn du dir mal für eine Woche jeden Abend die Frage stellst, »Was habe ich heute Gutes getan?«, wird dir möglicherweise auffallen, dass doch viele Tage verstrichen sind, an denen es nur um deine eigenen Bedürfnisse ging. Genauso wichtig ist, ehrlich zu sich selbst zu sein: Hast du deinen Partner mit einem Essen überrascht, weil du insgeheim gehofft hast, dass er dir dadurch auch wieder mehr Aufmerksamkeit schenkt? Hast du deiner Freundin beim Umzug geholfen, weil du weißt, dass dein nächster Umzug auch demnächst ansteht? Bei diesem Aspekt bringt es nichts, sich selbst zu belügen, denn man kann es nicht faken, die Ausstrahlung eines warmherzigen Menschen zu haben. Solche Menschen sind besonders charismatisch und anziehend. Wer hat denn nicht gerne jemanden in seinem Umfeld, der es wahrhaftig gut mit einem meint und am

Wohlergehen aller interessiert ist? Auch hier kannst du dein Gehirn darauf trainieren, bewusst darauf zu achten, wie viel Gutes du für die Welt und andere tust, indem du dir täglich die oben genannte Frage stellst.

DU KANNST DICH AUFRICHTIG FÜR ANDERE FREUEN

Die größte Kunst ist es vor allem in schwierigen Zeiten, dich für andere, denen es besser geht, aufrichtig zu freuen. Nehmen wir an, deine beste Freundin feiert bald ihre Traumhochzeit, hat schon wieder eine Beförderung bekommen, und ihr steht eine dreimonatige Reise mit ihrem Traummann bevor – sie scheint alles zu haben. Während du seit Jahren Single bist, eine schlimme Dating-Erfahrung nach der anderen wegstecken musst, im Job nicht vorankommst und dir somit auch schon seit Jahren keinen richtigen Urlaub mehr leisten kannst. Solche Zeiten bieten das größte Wachstumspotenzial: Wenn du es in diesen Phasen schaffst, nicht missgünstig zu sein, sondern den anderen von Herzen ihr Glück zu gönnen, kannst du wirklich stolz auf dich sein.

Wir sind alle nur Menschen, und es ist ganz natürlich, in Situationen wie diesen zunächst Neid zu empfinden. Ein gesunder Weg ist, beide Gefühle zuzugeben und zuzulassen. Sage einfach zu dir selbst: »Ja, ich bin etwas neidisch auf das, was sie gerade hat, aber das ist ganz normal. Trotzdem freue ich mich von Herzen für sie, denn sie verdient nur das Beste. Ich weiß, dass auch meine Zeit kommen wird.« Als High Value Frau möchtest du nur Positives in deinem Leben willkommen heißen. Daher solltest du zunächst selbst zu der Person werden und nach den Werten leben, die du persönlich gerne anziehen möchtest. Wenn du besonders mutig bist, kannst du so etwas direkt an die betreffende Person kommunizieren – glaube uns, sie wird das, sofern es sich um eine wahre Freundin handelt, verstehen und deine Ehrlichkeit sowie deinen Mut sehr zu schätzen wissen.

Annies Beispiel

» *Als mit 30 Jahren in all meinen Lebensbereichen immer noch so vieles nicht rundlief, wurde ich mehr als nur einmal mit dieser Challenge konfrontiert. Zu diesem Zeitpunkt arbeitete ich bereits aktiv an einer Lebensveränderung und setzte alles daran, ein glückliches Leben zu führen. Ich investierte jede freie Minute in mein körperliches, seelisches und geistiges Weiterkommen. Zudem achtete ich darauf, Gutes zu tun und anderen zu helfen, weil ich davon überzeugt bin, dass der sicherste Weg, Liebe zu bekommen, es ist, (Selbst-)Liebe zu leben. Dennoch schien sich in meinem Leben erst mal nichts zu verbessern. Es kamen sogar neue Rückschläge hinzu. Bei mir war es damals nicht eine Freundin, für die ich mich hätte freuen sollen. Ich empfand meine Situation sogar noch herausfordernder: Während ich den Eindruck hatte, dass in meinem Leben alles bergab ging, bekam ich mit, wie bei Ex-(Dating)-Partnern, die mich sehr verletzt und mein Vertrauen nachhaltig geschädigt hatten, alles super zu laufen schien. Und das, obwohl ich wusste, dass sie nicht aktiv an ihrem Glück arbeiteten. Es war damals wie ein Schlag ins Gesicht für mich, mitzubekommen, wie es vor allem Menschen, die mir geschadet hatten, nun viel besser ging – auch wenn es mir natürlich nicht obliegt zu entscheiden, wer Glück verdient hat.*

Ja, es brauchte seine Zeit, bis meine (innere) Arbeit Früchte trug. Gleichzeitig fühlte sich die damalige Situation für mich einfach un-

gerecht an. Und dann wurde mir klar, dass wahrhaftig gutherzige Menschen jeder Person ihr Glück gönnen würden. Es war nicht einfach, aber wann immer ich mich dabei erwischte, eher missgünstige Gedanken zu haben, rüttelte ich mich selbst wach. Ich machte mir bewusst, dass es nicht mein Recht ist, darüber zu urteilen, wer was verdient. Außerdem bedeutet ein Fülle-Mindset, dass auch Glück in Fülle vorhanden ist. Kein Glück eines anderen könnte mein eigenes schmälern. Wieso es also missgönnen? Ich würde mir schließlich auch wünschen, dass, wenn meine guten Zeiten kommen, sich andere für mich freuen können. Ich schickte diesen Menschen in Gedanken Liebe und entschied mich dazu, meinen Fokus wieder voll und ganz auf mich zu richten. Ich wollte meine Energie in mein Weiterkommen investieren, denn das gab mir die Sicherheit, dass meine guten Zeiten garantiert auch bald da sein würden. Schließlich übernahm ich nun endlich selbst Verantwortung für mein Lebensglück, und ich kenne niemanden, bei dem sich diese Entscheidung nicht bezahlt gemacht hat.

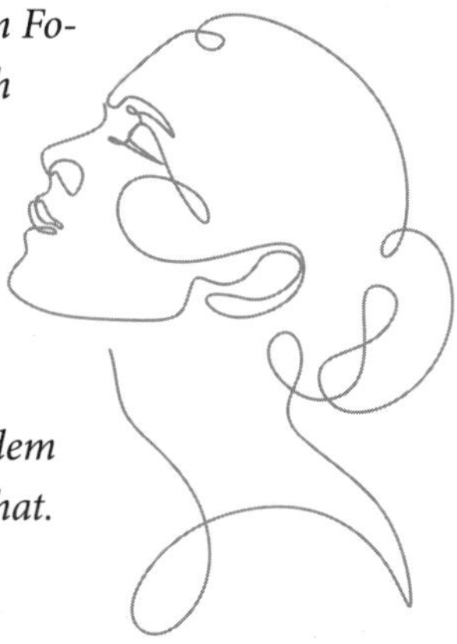

DU BEHERRSCHST DIE KUNST DER VERGEBUNG

Unterbewusst verwechseln viele Vergebung mit einem Freispruch von Schuld. Dabei ist der Schlüssel zur Vergebung, sich dessen bewusst zu werden, dass es »bedeutet, einen Gefangenen freizulassen und zu erkennen, dass dieser Gefangene du selbst warst.« Dieses Zitat stammt von Lewis Benedictus Smedes, einem US-amerikanischen Autor und Theologen, dessen Zitat uns beide sehr inspiriert.

Solange wir nicht vergeben, tragen wir viel zu viele negative Gefühle wie Zorn, Wut und Trauer in uns, die uns Energie rauben und runterziehen. Um Menschen, die dir Schaden zugefügt haben, vergeben zu können, haben uns bisher folgende Mindsets geholfen: zum einen die Annahme, dass jeder Mensch zum gegebenen Zeitpunkt mit seinen bestmöglichen Mitteln agiert hat. Mit dieser Einstellung gehen wir erst einmal von keiner bösen Absicht aus, sondern dass die Person es damals einfach noch nicht besser wusste oder konnte. Zum anderen hilft es auch, einen Perspektivenwechsel einzunehmen, beispielsweise wenn dich jemand belogen hat:

* Was hat die Person dazu gebracht, dich zu belügen?
* Hatte sie befürchtet, dass sonst viel Schlimmeres passiert?
* Wusste sie sich einfach selbst nicht mehr zu helfen?

Diese Variante erfordert sowohl emotionalen und zeitlichen Abstand als auch viel innere Größe. Natürlich wird das nicht bei jeder Art der Verletzung möglich sein. Was allerdings immer hilft, ist, sich bewusst zu machen, dass du selbst die Leidtragende bist, wenn du nicht vergeben und loslassen kannst. Vergeben ist in erster Linie für dich, nicht für den anderen. Oft hilft es, mit einer Art Ritual abzuschließen, indem du dir alles von der Seele schreibst: was es noch für ungeklärte Fragen gibt, oder was du der Person gerne noch sagen würdest. Du kannst es dir auch bildlich vorstellen, wie du sonst immer diese große Last an negativen Gefühlen mit dir herumschleppst. Als High Value Frau realisierst du, dass solche Situationen der Vergangenheit angehören. Nachdem du sie verarbeitet hast, siehst du es als eine Sache der Selbstdisziplin, solche Ereignisse in der Vergangenheit zu lassen, anstatt die negativen Emotionen immer wieder aktiv in deine Gegenwart zu holen.

DU LEBST DEIN AUTHENTISCHES ICH

Eine High Value Frau weiß: Wahres Selbstvertrauen bedeutet, mutig genug zu sein, in jeglichen Konstellationen und Situationen dein wahres Ich zu zeigen und dazu zu stehen. Vertrittst du eine Meinung, die nicht unbedingt jede Person nachvollziehen kann? Liebst du es, einen ausgefallenen Modestil zu tragen? Oder bist du auf sonst eine Weise »anders« als die breite Masse? Na und? Freu dich darüber! Eine High Value Frau möchte es anderen Menschen nicht auf Biegen und Brechen recht machen. Im Gegenteil: Du lebst dein Leben so, wie du dich damit wohlfühlst, und du stehst darüber, was andere über dich und deine Entscheidungen denken könnten. Auch hier gilt: Das bezieht sich nicht nur darauf, auf eine bestimmte Weise extrem aus der breiten Masse zu stechen. Auch in Alltagssituationen wollen wir dich dazu ermutigen, zu widersprechen und deine Meinung zu sagen und deine Vorlieben auszuleben. Nur wenn du offen und ehrlich dazu stehst, was du denkst, fühlst und magst, wirst du wahrhaftig glücklich sein können.

Wer anders ist als die Masse, polarisiert häufig. Aber du solltest das Ganze wie einen Magneten betrachten: Du wirst dadurch die Leute, die zu dir passen, weil sie ähnliche Werte, Ansichten oder deinen Lifestyle teilen, anziehen. Andere hingegen, mit denen du weniger harmonierst, wirst du eher abstoßen. Aber diese Leute würden langfristig betrachtet sowieso nicht zu dir passen. Wenn du dich hingegen verstellst, wirst du viel zu viele unpassende Menschen in dein Umfeld ziehen, die dich für etwas mögen, was du gar nicht bist. Du wirst dich niemals richtig wohlfühlen und fallen lassen können. Als High Value Frau weißt du, dass du genau so, wie du bist, liebenswert und wertvoll bist, und dass deine Einzigartigkeit dich besonders macht. Je authentischer du lebst, desto eher wirst du die passenden Menschen, Chancen und Ereignisse in dein Leben holen, die dich wirklich erfüllen und bereichern.

Wie du siehst, gibt es eine Reihe von Prinzipien und Eigenschaften, nach denen eine High Value Frau lebt. Die obige Aufzählung hilft dir zu erkennen, an welchen Themen du vielleicht noch arbeiten darfst. Wenn du schon einen Teil der Punkte erfüllst, kannst du stolz auf dich sein. Der Rest kommt auch noch dazu. Eine High Value Frau zu sein ist ein lebenslanger Prozess und ein Lifestyle. Du wirst merken, dass du immer wieder an bestimmten Bereichen arbeiten kannst. Es wird Phasen geben, in denen es dir beispielsweise leichtfällt, Grenzen zu setzen und Menschen loszulassen. Dem können aber auch wieder Momente folgen, in denen du dich nicht ganz in deiner Mitte fühlst, weil dich gerade dein Job oder eine andere besondere Herausforderung stresst. Vielleicht akzeptierst du dann das Verhalten einer Freundin länger, als es dir lieb ist. Sei in solchen Situationen nicht zu streng mit dir selbst – wir können nicht permanent in allen Dingen perfekt funktionieren. Aber je mehr du dir bewusst Zeit nimmst und aktiv an diesen Punkten arbeitest, desto mehr wird es für dich zur Gewohnheit werden, so zu agieren. Diese Verhaltens- und Denkweisen werden sich immer mehr in dein Gehirn und dein Unterbewusstsein einprägen, bis es für dich eines Tages ganz natürlich und selbstverständlich wird, wie eine High Value Frau zu leben und die Früchte der inneren Arbeit zu genießen – alles andere wird sich für dich dann nicht mehr richtig und stimmig anfühlen.

Zum Abschluss dieses Kapitels möchten wir noch den wichtigsten Grundsatz einer High Value Frau mit dir teilen: Du solltest deinen Wert nie von anderen Menschen abhängig machen. Denn das Potenzial für ein glückliches Leben liegt in dir selbst. Dein Partner hat dir keine Guten-Morgen-Nachricht geschickt? Du hast kein Lob für deine Arbeit bekommen? Das sollte deine Laune nicht allzu sehr beeinflussen. Alles, was du dir an Bestätigung von deinem Umfeld wünschst, kannst du dir auch selbst geben. Frage dich in solchen Momenten, was genau du dir durch externen Zuspruch erhoffst, nach welchem Gefühl du dich sehnst. Möchtest du durch regelmäßige Nachrichten deines Partners die Bestätigung, dass er dich noch immer liebt und dir treu bleibt, dann solltest du lernen, diese Sicherheit in dir selbst zu finden, anstatt sie von seinem Verhalten abhängig zu machen. Brauchst du Lob von anderen, um deine Leistungen als wertvoll anzuerkennen, solltest du lernen, dich selbst zu loben und deine Arbeit wertzuschätzen. Je mehr du lernst, dir das Gefühl, das du dir durch die Handlungen anderer wünschst, selbst zu schenken, desto mehr löst du dich von der Abhängigkeit von ihnen. Du brauchst nur dich, um wirklich glücklich zu sein. Alles andere, was noch hinzukommt, addiert nur etwas mehr Glück zu deinem ohnehin wunderbaren Leben dazu. Um diesen Zustand als High Value Frau zu erreichen, gilt es, kontinuierlich in dich und deine innere Arbeit zu investieren.

REMINDER

Mache deinen Wert nicht von anderen Menschen abhängig. Das Potenzial für ein glückliches Leben liegt in dir selbst.

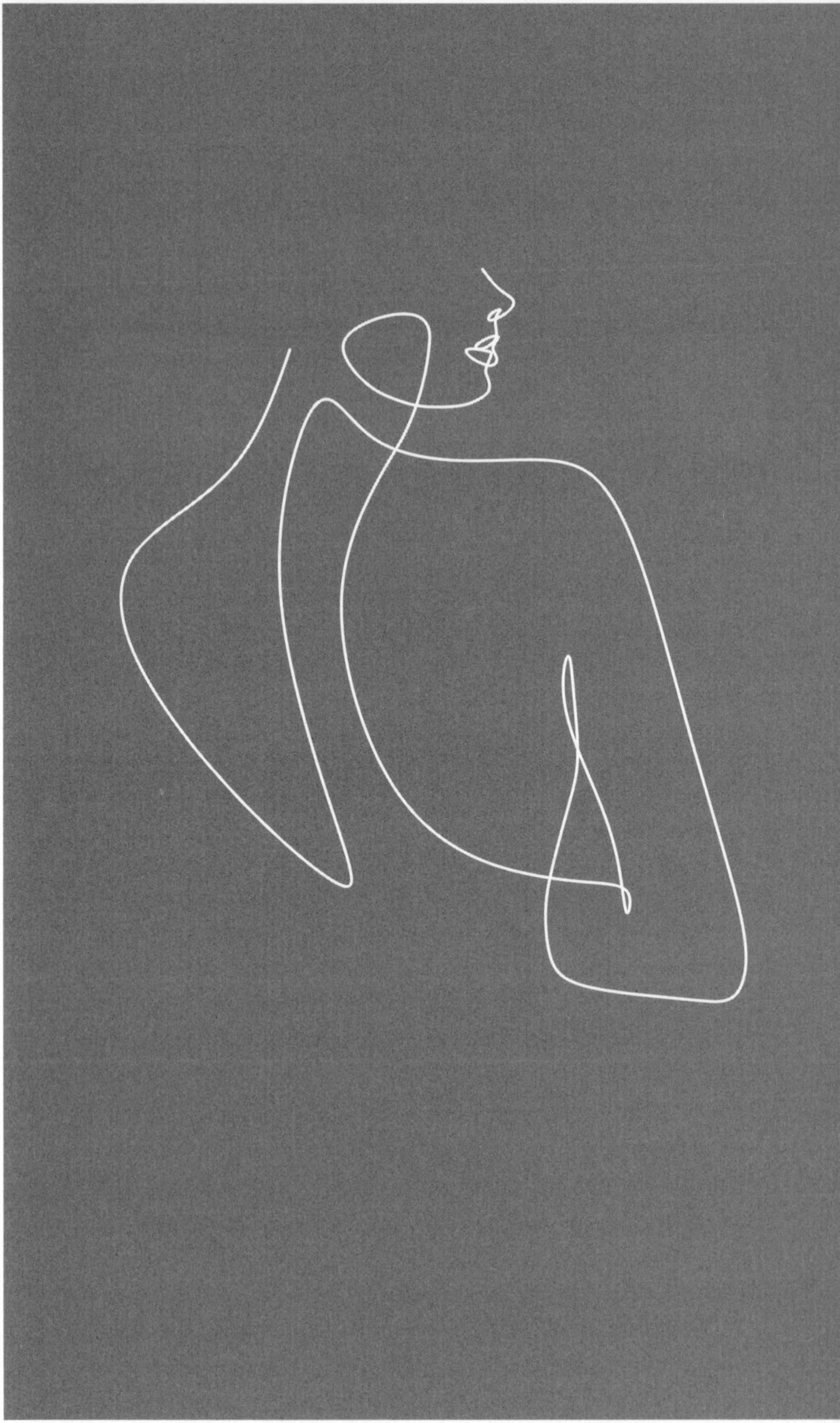

PART III

Das High Value Modell

Um dir das Leben zu schaffen, das du dir schon lange wünschst, reicht es nicht einfach aus, an einer Wunderlampe zu reiben, drei Wünsche an einen Dschinni zu formulieren, und schon ist das Traumleben da. Du musst dafür selbst ins Handeln kommen, um das zu bekommen, was du in deinem Leben haben möchtest. Bleiben wir einmal bei der Situation, dass du unzufrieden in deinem Job bist. Jeden Tag jammerst du bei Freunden und der Familie, ärgerst dich im Kollegium über deinen Chef und hast morgens keine Motivation, zur Arbeit zu gehen. Innerlich hoffst du, dass dich eines Tages einfach ein Recruiter über LinkedIn kontaktiert und dir eine Traumstelle anbietet: mehr Gehalt, mehr Urlaubstage und mehr Verantwortung. Klingt gut, oder? Aber wie oft ist dir das schon passiert? Oder jemandem, den du kennst?

Oder ein anderes Beispiel: Du hast von einer neuen Wunderdiät gehört. Kein Sport, nur kalorienarme Shakes trinken, und schon soll die Traumfigur ohne den Jo-Jo-Effekt innerhalb von drei Wochen da sein. Auch zu schön, um wahr zu sein? Richtig. Denn wer langfristig und gesund abnehmen will, weiß, dass das selten in Rekordzeit funktioniert. Sonst hätten wir mit Sicherheit alle unsere ganz persönliche Traumfigur. Wir alle träumen von einem besseren Leben, doch nur die wenigsten sind bereit, daran zu arbeiten. Vielleicht bemühst du dich aber bereits, etwas zu verändern.

- Du hast schon zum dritten Mal den Job gewechselt, um deine Karriere voranzutreiben, aber so richtig funktioniert es nicht?
- Oder gehst du regelmäßig ins Fitnessstudio, um deiner Traumfigur näherzukommen, aber der Spiegel zeigt keine Veränderung?
- Du datest wieder, obwohl dir das Herz gebrochen wurde, aber es ist noch immer kein Traumpartner in Sicht?

Das Problem: Du suchst die Lösung für deine Unzufriedenheit nur in deinen äußeren Lebensumständen, wie Job, Liebe, Freundeskreis etc. Aber solange du nicht die innere Arbeit gemacht und an deinem Selbstwertgefühl, an deiner Selbstliebe und deinem Selbstvertrauen gearbeitet hast, werden sich deine tief sitzenden negativen Überzeugungen in der äußeren Welt immer widerspiegeln. Denn du kannst im Äußeren etwas ändern, aber dein Inneres, die Wurzel des Problems, nimmst du dabei immer mit.

Das übergeordnete Ziel einer High Value Frau ist es, wahrhaftig glücklich zu sein, ohne ihr Glück dabei nur von anderen und äußeren Umständen abhängig zu machen. Voraussetzung hierfür ist – wie der Begriff High Value Frau schon erahnen lässt – ein gesundes und hohes Selbstwertgefühl. Doch was genau ist das eigentlich, und wie kann man daran arbeiten? Laut Annies High Value Coachingmethode basiert das Selbstwertgefühl auf zwei Bausteinen: Selbstliebe und Selbstvertrauen. Klingt erst mal ähnlich und vielleicht verwirrend, da viele diese Begriffe auch synonym verwenden. Dennoch haben sie jeweils eine eigene Bedeutung.

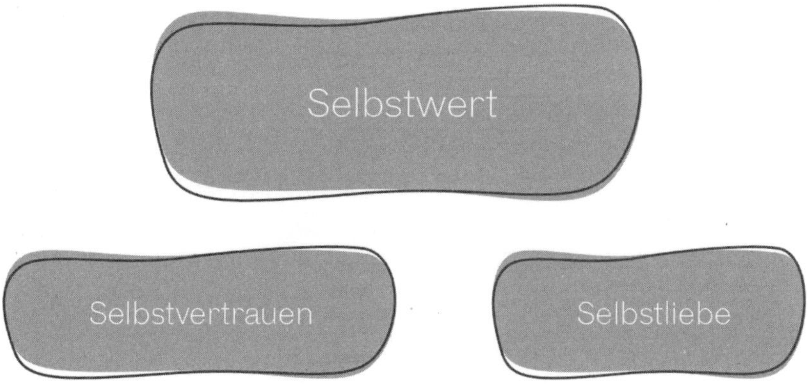

Genau wie bei unseren zwischenmenschlichen Beziehungen gilt auch bei der Beziehung zu dir selbst: Nur wenn du dich wahrhaftig wertschätzt und liebst sowie auf dich selbst und deine Fähigkeiten vertraust, wird dich deine Beziehung zu dir selbst glücklich machen und bereichern. Hinzukommt, dass sich die Qualität deiner Selbstbeziehung immer in deinen Beziehungen zu anderen Menschen widerspiegeln wird.

SELBSTLIEBE

Es ist ein Grundbedürfnis des Menschen, geliebt zu werden. Aber selbst wenn du gerade in einer liebevollen Partnerschaft bist oder tolle Menschen um dich herum hast, wirst du früher oder später in Situationen kommen, in denen du keine Liebe von außenstehenden Personen bekommst. Dennoch wird dein Grundbedürfnis nach Liebe, Aufmerksamkeit und Bestätigung da sein. Deshalb ist es für ein glückliches Leben essenziell, zu lernen, dir selbst Liebe zu schenken. Auf diese Weise löst du dich von emotionalen Abhängigkeiten in deinem Umfeld und lernst, dir selbst das zu geben, was du brauchst.

Welchen Partner würdest du attraktiver finden: einen, der rund um die Uhr deine Zuneigung braucht und sein Glück von dir abhängig macht, oder einen, der ein selbstständiges Leben führt, Hobbys hat, sich mit Freunden trifft und auch mal Zeit ohne dich verbringen kann? Frage dich jetzt mal, wie viel Liebe du von anderen erwartest und wie viel du dir bereits selbst schenkst. Außerdem hatten wir bereits erwähnt, dass Selbstliebe nicht nur dein Leben bereichert, sondern dass du auch anderen eine bessere Freundin, Schwester,

Chefin, Partnerin und dergleichen bist, wenn du dich zuerst um dein eigenes Wohlergehen kümmerst. Denn wenn deine Seele oder dein Körper leiden, weil du deine Bedürfnisse nicht priorisiert hast, wirst du auch nicht mehr für andere da sein können. Eine Coachingmetapher sind die Sicherheitsanweisungen bei einem Flug: Ist dir schon einmal aufgefallen, dass Flugbegleiter Eltern dazu auffordern, wenn es zu einem Notfall kommt, zunächst selbst eine Atemmaske aufzusetzen, bevor sie sich um ihre Kinder kümmern? Im Coaching wird dieses Beispiel gerne übertragend verwendet, um dir aufzuzeigen, wie wichtig es ist, sich im ersten Schritt um dich zu kümmern. Denn wenn du die Atemmaske zuerst deinem Kind überstülpen möchtest, kann es sein, dass dir danach der notwendige Sauerstoff fehlt, um dich selbst zu versorgen. Damit ist dann niemandem geholfen. Ähnlich verhält es sich, wenn du dir zu wenig Liebe schenkst. Wie willst du jemand anderem Liebe schenken und zur Seite stehen, wenn du nicht zuerst deine Selbstliebe-Reserven aufgefüllt hast?

SELBSTVERTRAUEN

Kommen dir folgende Situationen bekannt vor?

* Du möchtest in einem Meeting etwas sagen, aber traust dich nicht.
* Es wird nach Freiwilligen für die nächste Kundenpräsentation gesucht, aber nur der Gedanke daran bereitet dir schon Angst.
* Du weißt, dass dir deine langjährige Freundin nicht mehr guttut, aber du hast Angst, die Freundschaft zu beenden, weil du nicht allein dastehen möchtest.

Selbstvertrauen bedeutet nicht, dass wir glauben, alles zu können. Es bedeutet, dass wir gelernt haben, dass, egal, was uns im Leben erwartet, wir immer auf uns vertrauen können, die bestmögliche Lösung zu finden. Wenn wir an unserem Selbstvertrauen gearbeitet haben, lassen wir uns nicht länger von unseren Ängsten zurückhalten. Das heißt nicht, dass du gar keine Ängste verspürst, aber du vertraust trotz Unsicherheiten auf deine Kompetenzen, mit unbekannten und neuen Situationen außerhalb deiner Komfortzone umgehen zu können.

Stell dir vor, was alles möglich wäre, wenn du dich nicht mehr von deinen Ängsten zurückhalten lassen würdest. Viele verwenden Selbstvertrauen deckungsgleich mit Selbstbewusstsein. Wir betrachten Selbstbewusstsein als einen Aspekt des Selbstvertrauens: Du vertraust auf deine Fähigkeiten, weil du dir deiner Stärken und Schwächen bewusst bist.

SELBSTWERT

Der Selbstwert ist unserer Meinung nach die größte Challenge, denn wir betrachten ihn als ein dynamisches Konstrukt. Selbstliebe und Selbstvertrauen wachsen mithilfe der inneren Arbeit beständiger als das Selbstwertgefühl. Denn bei der Selbstliebe und deinem Selbstvertrauen kannst du recht eigenständig an einer Verbesserung arbeiten, ohne dass du immer wieder durch äußere Einflüsse darin beeinträchtigt wirst. Beim Selbstwert hingegen werden wir täglich herausgefordert, ihn aktiv hochzuhalten. Unser Selbstwertgefühl lassen wir nämlich sehr schnell von dem beeinflussen, was in unserem Leben gerade passiert.

Du trägst ein neues Outfit, in dem du dich selbst total wohlfühlst. Als du es gekauft hast, hast du dir damit gut gefallen und kannst es nun kaum erwarten, es auszuführen. Doch jetzt hast du es zum ersten Mal an, und statt Komplimenten erntest du nur seltsame Blicke. Was macht das mit dir?

Du datest deinen Schwarm, und in den ersten Tagen schickt er dir mehrmals täglich süße Nachrichten. Plötzlich verstreicht ein ganzer Tag ohne ein Lebenszeichen. Wie fühlst du dich?

Solche alltäglichen Situationen schmälern permanent deinen Selbstwert, wenn du nicht ein Bewusstsein dafür entwickelst und aktiv dagegen arbeitest. Dabei sagt der Selbstwert, wie es der Name schon verrät, nur aus, welchen Wert du dir selbst zuschreibst, und gibt keinerlei Aussage darüber, was andere über dich denken. Häufig hat sich bei uns allerdings in der Kindheit das Gefühl festgesetzt, dass wir auf die Bestätigung anderer angewiesen sind. Mangelnde Zuneigung und Liebe der Eltern bedeutet für Kleinkinder im schlimmsten Fall schließlich den Tod. Sie sind darauf angewiesen, dass ihre Eltern ihnen Aufmerksamkeit und die notwendige Zuwendung schenken. Zudem tragen wir das psychologische Grundbedürfnis der Verbundenheit in uns, sodass wir erlernt haben, uns nach der Bestätigung anderer zu richten, um dazuzugehören. Der erste Schritt, um deinen Selbstwert nachhaltig zu stärken, ist daher, zu erkennen, dass wir nicht auf die Bestätigung anderer angewiesen sind, sondern dass wir selbst die Macht haben, unseren Wert zu bestimmen. Ein gesundes Selbstwertgefühl bedeutet somit wortwörtlich, dass du ein Gefühl für deinen eigenen Wert bekommst. Das heißt zugleich auch, dass du lernst, dich nicht mehr unter Wert zu verkaufen, wie man so schön sagt.

Die meisten Menschen machen ihren Selbstwert dennoch nur davon abhängig, was in ihrem Äußeren passiert. Da wir im Äußeren jedoch nie vollständig beeinflussen können, was uns heute erwarten wird, ist es essenziell, dass wir lernen, eigenständig an unserem Selbstwertgefühl zu arbeiten, und dass wir vor allem für jene Situationen gerüstet sind, die ohne die innere Arbeit unseren Selbstwert täglich herausfordern und schmälern.

Im ersten Schritt ist wichtig, dass du dir bewusst machst, dass diese drei Säulen dein Leben permanent beeinflussen. Ohne die innere Arbeit fliegst du auf Autopilot und lässt dich permanent von äußeren Faktoren passiv steuern. Aber ab sofort wirst du mit unserer Hilfe das Steuer deines Lebens wieder selbst in die Hand nehmen und aktiv beeinflussen, in welche Richtung du fliegst.

PART IV

Selbstbeziehung: Du bist so schön, wie du dich fühlst

Deine Selbstbeziehung sagt aus, wie du mit dir selbst umgehst, wie du über dich denkst und mit dir redest. Angelehnt an unser High Value Modell richten wir zunächst den Blick auf dich und deine Selbstliebe. Denn nur wenn wir jemanden wahrhaftig lieben, werden wir ihn so wertschätzen, dass wir nur das Beste im Leben für ihn wollen. Wir starten an dieser Stelle mit einer kleinen Übung.

Übung

Du kannst dir folgende Fragen schriftlich oder einfach in Gedanken ganz ehrlich beantworten:

* Wie gehst du mit einer Person um, die du liebst?
* Wie nimmst du eine Person wahr, die du liebst?
* Worauf setzt du deinen Fokus bei einer Person, die du liebst?
* Wie redest du mit einer Person, die du liebst?
* Was wünschst du dir für Personen, die du liebst?

Wenn du diese Fragen beantwortet hast, gehe bitte noch einmal in dich. Sei nun ganz ehrlich zu dir: Behandelst du dich selbst genau so wie die Menschen, die du liebst? Die wenigsten können auf diese Frage aufrichtig mit »Ja« antworten. Warum fällt es uns aber so schwer, uns selbst dieselbe Liebe entgegenzubringen, die wir anderen Menschen in unserem Umfeld so selbstverständlich schenken?

Der Grund ist naheliegend: Wir haben nie gelernt, wahrhaftige Selbstliebe zu entwickeln und zu leben. Dabei ist genau das eine der Grundvoraussetzungen, um ein Leben als High Value Frau zu führen. Denn bisher bist du noch abhängig von der Liebe und Wertschätzung, die du von deinen Mitmenschen erhältst. In diesem Buch lernst du, wie du dir all das, was wir für ein glückliches Leben brauchen, auch selbst geben kannst.

Wenn wir bessere Beziehungen und Erfahrungen anziehen wollen, müssen wir erst lernen, uns selbst zu respektieren und wertzuschätzen. Bringst du dir keinen Respekt und keine Wertschätzung entgegen, kannst du nicht erwarten, dass es andere in deinem Umfeld tun. Aus diesem Grund muss die Veränderung bei dir anfangen. Doch deine Selbstbeziehung ist nicht nur essenziell, damit andere dich besser behandeln. Viel wichtiger ist die Tatsache, dass du die Person bist, mit der du in deinem Leben am meisten Zeit verbringen wirst. Grund genug, dass wir in diese Beziehung und Liebe investieren, oder?

In der Theorie ist dir nun klar, was es mit dem Begriff Selbstliebe auf sich hat. Aber es ist natürlich einfach gesagt, dass du dich selbst lieben sollst, wenn du vielleicht nicht rundherum zufrieden mit dir bist. Vor allem in Bezug auf das äußere Erscheinungsbild fällt es Frauen oft schwer, sich mit den Augen der Liebe zu betrachten. Gleichzeitig ist uns dieser Aspekt jedoch besonders wichtig, wenn es um das Selbstwertgefühl geht, da Frauen schon als Mädchen lernen, dass sie vor allem für ihr Äußeres Komplimente und Anerkennung erhalten.

Übung

- Um zu erkennen, wie es um deine Selbstliebe in Bezug auf dein Aussehen steht, kannst du dir folgende Fragen beantworten:
- Hast du heute schon in den Spiegel geschaut?

* Wenn deine Antwort »Ja« war, was hast du dir dabei gedacht?
* Waren es Gedanken wie »Meine Haare sitzen heute aber gut« oder »Ich sehe heute ausgeruht aus«?
* Oder gingen die Gedanken eher in die Richtung »Oh je, ohne Make-up kann ich heute wirklich nicht aus dem Haus«, »Schon wieder ein Bad Hair Day« oder »Am Montag sollte ich endlich mit der Diät anfangen«?
* Jetzt Hand aufs Herz: Wie viele Komplimente hast du dir heute gemacht, als du in den Spiegel geschaut hast?

Wenn du mit der Spiegel-Übung nichts anfangen kannst, versuchen wir es mal damit: Du bist auf einer Party, und es werden Fotos gemacht. Setzt du dich in Szene und posierst für die Kamera, oder verdrückst du dich in die nächste Ecke und versuchst, auf keinem Foto zu erscheinen, weil du angeblich unfotogen bist?

Bleiben wir bei dem Foto-Beispiel: Du hast es sicherlich schon mal erlebt, dass du einen schönen Moment in der Natur festhalten wolltest, wie den Sonnenuntergang oder das atemberaubende Blau des Meeres. Als du dann jedoch ein Foto geschossen hast, musstest du feststellen, dass die Schönheit der Natur nicht ansatzweise auf diesem Bild rüberkam. In echt sah die ganze Szenerie wesentlich schöner aus. Doch obwohl wir das Wissen in uns tragen, dass ein Foto nicht die ganze Schönheit der Realität einfangen kann, neigen wir bei Fotos von uns selbst dazu, direkt negative Schlüsse in Bezug auf unser Äußeres zu ziehen: »Seh ich wirklich *SO* aus!?« Anstatt vom Besten auszugehen, so wie wir es ganz selbstverständlich bei unserem Haustier, unserer besten Freundin oder eben der Natur wissen: Ein Foto kann die wahre Schönheit niemals widerspiegeln. Im Coaching wird daher häufig mit Perspektivwechseln gearbeitet.

Wenn es dir schwerfällt, deine eigenen Vorzüge zu erkennen, dann frag doch gerne mal deine Freunde und Freundinnen oder überlege dir, wie sie dich sehen. Genau so, wie du bei ihnen vor allem das Schöne erkennst, sehen auch sie dich mit den Augen der Liebe in einem positiven Licht.

Übung

Lass uns eine weitere Übung für mehr Selbstliebe machen: Schreibe alle Dinge auf, die du an dir liebst oder die du schön findest. Danach beantworte dir die Frage, was du gerne an dir ändern möchtest. Das können optische Merkmale sein, aber auch Eigenschaften, die du dir wünschst oder stärken möchtest.

Falls deine Liste mit den Dingen, die du an dir liebst, gerade noch kurz ausgefallen ist, macht das nichts. Manchmal helfen uns bereits Kleinigkeiten dabei, uns wohler zu fühlen. Das kann ein neues Outfit sein, ein Good Hair Day oder auch einfach nur das Lieblingsparfüm. Aber es gibt auch diese Tage, an denen selbst das beste Styling nicht hilft, damit du dich in deinem Körper und mit deinem Aussehen wohlfühlst.

Unseren Körper langfristig anzunehmen und lieben zu lernen erfordert in den meisten Fällen weitaus mehr als nur ein gutes Styling. Im Laufe des Buches wirst du hoffentlich lernen, was für ein toller Mensch du bist – sowohl innerlich als auch äußerlich. Vielleicht fühlt sich das Wort »lieben« in Bezug auf dich selbst noch nicht richtig an. Dann versuche zunächst, Dankbarkeit für deinen Körper zu entwickeln. Er vollbringt jeden Tag zahlreiche Wunder, um dich am Leben zu erhalten, und auch deine Gesundheit ist ein sehr kostbares Geschenk, das wir leider viel zu häufig als selbstverständlich annehmen. Dabei ist sie unbezahlbar, denn du kannst sie mit keinem Geld der Welt kaufen. Wir möchten dich von Herzen einladen, Schritt für Schritt zu lernen, eine positive Beziehung zu deinem Körper zu entwickeln.

Um dich selbst zu lieben, ist es zunächst wichtig, dass du den Ort, an dem deine Seele lebt und mit dem du durch dein gesamtes Leben schreiten wirst, anzunehmen lernst. Wir können nicht alle wie ein Victoria's-Secret-Topmodel oder eine Adonis-Figur aus dem alten Griechenland aussehen. Männer wünschen sich manchmal, sie könnten schneller an Masse zunehmen, oder wären gerne größer mit breiteren Schultern. Frauen hingegen wünschen sich oft einen schlankeren Körperbau oder größere Brüste. Manche Dinge an unserem Aussehen und Körperbau können wir selbst beeinflussen, andere hingegen müssen wir lernen, als Teil von uns und Zeichen unserer Einzigartigkeit zu akzeptieren. Erst wenn wir auch unser Aussehen annehmen, können wir uns im nächsten Schritt lieben lernen.

Wer uns kennt, weiß, dass wir beide uns auf den ersten Blick nicht ähnlich sehen. Wir haben einen völlig unterschiedlichen Körperbau: Bianca hat eine schmale Taille, Annie dafür längere Beine. Doch auch wir haben gelernt, nicht mehr nur die Körperpartien zu betrachten, die uns nicht gefallen, sondern unseren Fokus auf unsere Vorzüge zu setzen. Unsere vermeintlichen Makel haben wir mittlerweile als Teil unseres Körpers angenommen. Wir haben uns bewusst gemacht, dass wir dazu neigen, uns selbst immer kritischer als andere wahrzunehmen. Noch keiner hat Biancas Größe als Makel angesprochen oder Annies Taille als zu breit bezeichnet.

Stattdessen bekommen wir häufig Komplimente für unsere individuellen Vorzüge.

Versuche dich mal in deine Kindheit zurückzuversetzen: Wir kommen nicht mit Selbstzweifeln und Komplexen zur Welt. Die Dinge, die uns stören, entstehen meistens durch unsere eigenen Vergleiche mit anderen, und hierzu hatten wir dir bereits bei den Prinzipien einer High Value Frau erklärt, dass dies wenig sinnvoll ist. Vor allem in Bezug auf unser Äußeres kommt jeder Mensch mit ganz individuellen Ausprägungen zur Welt. Manchmal entstehen unsere Komplexe allerdings auch durch Kommentare von anderen. Annie hat schon häufig mit Klientinnen in ihren Coachings rekonstruiert, was der Auslöser für Selbstzweifel war. In vielen Fällen waren die Frauen zufrieden mit sich und hatten ihr Äußeres gar nicht hinterfragt. Bis eines Tages jemand von außen etwas sagte, das die Verunsicherung auslöste. Ab einem solchen Zeitpunkt beginnen wir häufig, uns auf diesen vermeintlichen Makel zu fokussieren und ihn verstärkt wahrzunehmen. Dadurch rücken wir unsere Vorzüge komplett in den Hintergrund.

Doch wir haben mit der Zeit gemerkt: Das, worauf du dich selbst fokussierst, wird größer werden. Das heißt einerseits, dass du, wenn du dich selbst betrachtest, hauptsächlich deine vermeintlichen Makel sehen wirst. Aber auch, dass du diese Unsicherheit ausstrahlst und dadurch die Wahrscheinlichkeit erhöhst, dass sich andere auf deine ungeliebten Körperpartien fokussieren. Außerdem wirst du jegliche Bemerkungen dazu besonders sensibel wahrnehmen und dich stärker daran erinnern. Wenn du beispielsweise das Gefühl hast, deine Lippen seien zu schmal, dann wirst du jegliche Gespräche darüber, auch wenn es um Dritte geht, immer direkt auf dich beziehen und das Gesagte vielleicht sogar als Kritik an dir interpretieren. Es ist essenziell, dass du lernst, deinen Blick auf deine Vorzüge zu richten und deinen Körper und dein Gesicht wieder als Ganzes wahrzunehmen, anstatt deinen Fokus nur auf einen bestimmten Teil zu setzen, der dich stört.

Da wir als Schwestern häufig automatisch verglichen werden, haben wir realisiert, dass unsere Mitmenschen vor allem unsere Einzigartigkeit und somit unsere Unterschiede als schön empfinden. Dadurch lernten wir, unseren Körper so zu akzeptieren und zu lieben, wie er ist. Selbst unsere Körperteile, die keinen gesellschaftlichen »Idealmaßen« entsprechen, sorgen dafür, dass unser Aussehen im Gesamten einzigartig und dadurch wertvoll ist. Auch du solltest dir stets bewusst machen, dass es niemals einen zweiten Menschen wie dich geben wird. Du bist unersetzlich und unvergleichbar. Genau das macht dich so wertvoll.

Biancas Beispiel

» *Ich habe Annie beispielsweise immer darum beneidet, dass sie größer ist als ich. Sie hat einfach tolle lange Beine, während ich kurze Beine habe, die je nach Gewicht auch etwas stämmiger aussehen. Ich habe früher immer Witze gerissen, dass ich solche »Stumpi-Beine« habe. Aber irgendwann erkannte ich, dass ich an meiner Beinlänge nie etwas ändern kann. Ich kann nur schauen, dass ich mich gesund ernähre und trainiere, damit meine Beine eine schöne Form haben und ich mich in meinem Körper wohlfühle. Abgesehen davon halte ich meine Pölsterchen an den Oberschenkeln nicht mehr für »dicke Oberschenkel«, sondern sehe sie als weibliche Rundungen.*

Annies Beispiel

» *Als Teenager wollte ich unbedingt eine so schmale Taille haben wie Bianca. Die Komplimente für meine langen Beine nahm ich gar nicht richtig wahr, sondern probierte Diäten und gezielte Sportübungen, um das unerreichbare Ziel – meinen Körperbau zu verändern – zu erreichen. Mittlerweile weiß ich, dass ich diesen Part an mir annehmen muss, und seit ich erkannt habe, dass mich so viel mehr ausmacht als der Umfang meiner Taille und ich auch mit breiterem Taillenumfang sportlich und schlank sein kann, verschwende ich keinen Gedanken mehr an meinen Körperbau. Ich kann nun aus vollem Herzen sagen: »Bianca hat eine schöne Figur – und ich auch.«*

REMINDER

Versuche nicht, Energie an die Dinge zu verschwenden, die du nicht ändern kannst, sondern akzeptiere und liebe dich so, wie du bist. Das, worauf du deinen Fokus setzt, wird immer mehr Relevanz für dein Unterbewusstsein gewinnen. Bestimmt hast du es schon mal erlebt, dass du dich mit einem Thema auseinandersetzt, wie zum Beispiel Schwangerschaft oder Umweltverschmutzung, und plötzlich fallen dir überall Schwangere auf, oder du siehst überall Müll auf der Straße herumliegen. Genau diesen Effekt kannst du auch positiv für dich und dein Körperbild nutzen. Konzentriere dich nicht auf das, was dir nicht gefällt, sondern auf das, was du besonders magst. Denn dein Fokus bestimmt, was du verstärkt wahrnimmst. Du bist einzigartig und wunderbar, wie du bist.

DIE BEZIEHUNG ZU DIR SELBST: SELBSTANNAHME VS. SELBSTDISZIPLIN

Auch allgemein gilt, es lohnt sich nicht, Energie an die Dinge zu verschwenden, die man nicht ändern kann. Diese Erkenntnis hat eine High Value Frau tief verinnerlicht, denn das Ärgern ändert an der Gesamtsituation nichts. So weiß Annie nun, dass sie niemals eine so schmale Taille haben kann, weil ihre Körperstatur anders ist. Bianca weiß, dass sie an ihrer Größe nichts ändern kann. Aber selbstverständlich gibt es auch Dinge an deinem Körper, die du beeinflussen kannst. Ärgerst du dich beispielsweise darüber, dass dir die Waage immer ein paar Kilo zu viel anzeigt, als dir lieb ist, kannst du etwas dagegen unternehmen. Wenn du für dich weißt, dass du dich mit fünf Kilo weniger wohler fühlen würdest, solltest du dir überlegen, wie du das anstellen kannst. Regelmäßig Sport in den Alltag integrieren könnte dich deinem Wunschgewicht näherbringen. Hältst du dich selbst für eher unsportlich, könntest du zunächst deine Ernährung etwas umstellen. Vielleicht verbirgt sich hinter der Annahme, dass du unsportlich seist, auch nur ein weiterer Glaubenssatz, den du dir seit Jahren selbst einredest.

Überlege einmal, welche Möglichkeiten du hast, die Dinge zu ändern, die du beeinflussen kannst. Dieselbe Energie, die du täglich investierst, um dich darüber aufzuregen, und dieselben Einschränkungen, die du wegen deiner Komplexe in Kauf nimmst, kannst du ebenso gut in die Veränderung des Problems stecken. Denn Selbstliebe bedeutet nicht nur Selbstannahme, sondern auch Selbstdisziplin, wenn die gewünschte Veränderung in unserer Macht liegt. Wer sich wahrhaftig liebt, ist bereit, in sich zu investieren, um seine Wünsche zu erreichen, statt weiterhin nur davon zu träumen. Mit etwas Disziplin wirst du dich gleich viel wohler in deinem Körper fühlen, und da unser Unterbewusstsein automatisch den wahrgenommenen Wert für Dinge und Personen, in die wir viel investieren, steigen lässt, wirst du deinen Körper auf diesem Weg auch automatisch lieben lernen.

Es ist nicht nur für deine eigene Zufriedenheit und Lebensqualität wichtig, dass du dich und deinen Körper, so wie er ist, akzeptieren und lieben lernst, und du außerdem mit Disziplin etwas an den Dingen änderst, die du in der Hand hast. Wenn du dich äußerlich nicht magst, wirst du das genau so ausstrahlen. Unser Gehirn verarbeitet täglich Millionen von Informationen und nimmt nur einen Bruchteil dieser Details bewusst wahr. Das heißt, wenn wir anderen Personen begegnen, registrieren wir unterbewusst sofort, wie zufrieden unser Gegenüber mit sich selbst ist. Dementsprechend kann unsere Ausstrahlung dessen, was wir tief in unserem Inneren wirklich über uns denken und fühlen, entweder besonders anziehend oder sogar abstoßend und unattraktiv auf andere wirken.

Ein weiterer Grund, warum deine Beziehung zu deinem Aussehen essenziell für ein erfülltes und erfolgreiches Leben in allen Lebensbereichen ist, ist, dass deine innere Einstellung zu deinem Körper dein gesamtes Verhalten beeinflusst – wie du dich im Alltag gibst und präsentierst und somit auch, wie dein Umfeld auf dich reagiert, dich einschätzt und behandelt.

Übung

Nachdem wir nun erklärt haben, wieso dein Verhältnis zu deinem Körper entscheidend für ein glückliches Leben ist, solltest du dir folgende Fragen ganz ehrlich beantworten:

- Würdest du dich als schön bezeichnen?
- Was fehlt dir, beziehungsweise was müsste sich ändern, damit du dies tun kannst?
- Hast du schon einmal über eine Schönheitsoperation nachgedacht?
- Oder scrollst du manchmal durch deinen Instagram-Feed und fühlst dich danach schlecht, weil alle anderen so viel toller aussehen als du?
- Hast du ab und zu das Gefühl, dass du im Schatten deiner Freunde und Freundinnen stehst?
- Erinnerst du dich, wie und wann deine Selbstzweifel entstanden sind?

INNERE SCHÖNHEIT

Stelle dir folgende Situation vor: Du gehst mit deiner Clique feiern, und ständig werden die Mädels oder deine Kumpels angesprochen und nach ihrer Nummer gefragt. Du wirst dabei kaum beachtet. All diese Gedanken, die jetzt bei dir hochgekommen sind, während du den letzten Absatz gelesen hast, sagen viel darüber aus, wie deine Beziehung zu deinem Aussehen ist und wie du dich selbst nach außen hin wahrnimmst. Wenn du gerade unangenehme Gefühle verspürt hast, wirst du wahrscheinlich den Trugschluss ziehen, dass du nicht gut genug aussiehst. Wir haben aber eine gute Nachricht für dich: Attraktivität hat nicht nur mit deinem Aussehen zu tun. Du kannst allein durch innere Arbeit deine Ausstrahlung und Wirkung auf andere enorm beeinflussen. Vielleicht hast du schon mal von dem Spruch »Glow from the inside« gehört? So, wie du dich innerlich fühlst, strahlst du es nach außen hin aus. Wenn du dich selbst als unscheinbar und unbedeutend empfindest, wie sollten dich dann andere als eine strahlende Persönlichkeit wahrnehmen?

Erinnere dich an unsere Spiegel-Metapher. Auch in Bezug auf deine Außenwirkung gilt: Wenn dir die aktuelle Reflexion in deinem Leben – also was dir gespiegelt wird, wie andere dich wahrnehmen – nicht gefällt, dann kannst du nicht einfach die Gedanken und Meinungen anderer Menschen ändern. Um ein anderes Spiegelbild zu sehen, musst du zunächst an dir selbst und deiner Eigenwahrnehmung arbeiten. Als automatische Folge dessen wird sich früher oder später deine Reflexion, das heißt, wie deine Umwelt dich sieht, ändern und sich deiner inneren Einstellung zu dir selbst anpassen.

Hinzukommt, dass deine Gedanken auch deine Körperhaltung beeinflussen. Unsicherheiten spiegeln sich häufig in einer leicht gebückten Haltung wider, weil du unterbewusst versuchst, möglichst unauffällig zu sein. Deutlich attraktiver wirkst du jedoch auf deine Mitmenschen, wenn du erhobenen Hauptes und mit geradem Rücken durch einen Raum schreitest. Auch bei deiner inneren Einstellung und bei Gedanken über dich selbst gilt: »Where the focus goes, the energy flows« – worauf du dich fokussierst, wird auch von deinem Umfeld eher wahrgenommen. Denkst du von dir selbst, »Ich bin selbstbewusst und attraktiv«, oder werden deine Gedanken von Selbstzweifeln und Sorgen, was andere denken könnten, dominiert?

Als High Value Frau fragst du dich nicht, wie andere dich wahrnehmen könnten, sondern du bestimmst, wie du sein willst. Vielleicht ist dir auch schon mal aufgefallen, dass die innere Ausstrahlung häufig einen stärkeren Einfluss darauf hat, ob du eine Person attraktiv wahrnimmst, als ihr tatsächliches Aussehen.

Übung

Stelle dir mal zwei Frauen vor. Die eine entspricht den »objektiven Schönheitsstandards«, doch ihre Körperhaltung wirkt eher geduckt, ihr Gesicht ausdruckslos. Neben ihr die andere Frau, optisch würde man sie nicht als normschön bezeichnen. Doch sie strahlt eine enorm warmherzige und glückliche Energie aus. Man sieht ihr an, dass sie das Leben liebt und mit sich im Reinen ist.

* Zu welcher von beiden würde es dich eher hinziehen?
* Mit welcher von beiden würdest du gerne ein Gespräch beginnen und sie dir vielleicht sogar als Freundin wünschen?
* An welche von beiden würdest du dich besser erinnern?

Jetzt denkst du vielleicht, so funktioniert es bei Freundschaften, aber nicht in der Liebe. Aber auch hier können wir dir sagen: Unterschätze niemals die Wirkkraft deiner Ausstrahlung. Natürlich spielt in der Liebe die körperliche Anziehung ebenfalls eine wesentliche Rolle. Allerdings kannst du mit einer positiven inneren Einstellung zu dir selbst und somit einer charismatischen Ausstrahlung deine wahrgenommene Attraktivität enorm beeinflussen und erhöhen.

Beginne mit der inneren Arbeit und finde dein wahres Lebensglück

Wenn du dir dieses Buch gekauft hast, verfolgst du das Ziel, das auch wir vor Augen haben: wahrhaftig glücklich sein. Das bedeutet, dass du dein Glück nicht mehr von äußeren Umständen abhängig machen möchtest. Um das zu erreichen, musst du innerlich so gestärkt sein, dass du mit dir selbst völlig zufrieden bist. Denn nur dann wirst du das Glück nicht mehr nur im Äußeren und in der Bestätigung anderer suchen. Keine Sorge, an seinem eigenen Glück arbeiten bedeutet nicht, sich nur noch einzuschränken und auf Dinge zu verzichten, auf die du Lust hast. Du solltest dir selbstverständlich mal bewusst etwas Gutes tun und dir etwas gönnen. Die Forschung der positiven Psychologie hat auch ergeben, dass der Mensch für wahrhaftiges Glück neben sinnhaften Tätigkeiten ebenso das einfache Vergnügen und den simplen Genuss in Maßen braucht.

Um mit deiner inneren Arbeit zu starten und deinen Selbstwert zu stärken, ist es wichtig, deine Säule der Selbstliebe zu pflegen. Sie bedeutet nämlich, dass du für deine eigenen Träume losgehst und dir in Form von Selbstfürsorge Liebe schenkst. So wie eine Mutter, die sich liebevoll um ihr Kind kümmert, oder vielleicht auch, wie du deinem Haustier immer etwas Gutes tun möchtest. Du schenkst ihm Streicheleinheiten, kaufst hochwertiges Essen und sagst ihm, wie schön es ist.

Oftmals wird einem erst bewusst, wie sehr man Liebe gebraucht hat, wenn man sich diese schon lange nicht mehr geschenkt hat. Selbstliebe stärkt deinen Selbstwert – schließlich ist Liebe das wertvollste Investment in dich und hinterlässt kurz- und langfristig ein gutes Gefühl bei dir selbst. Zumindest, wenn du bereits an diesem Punkt angelangt bist, zu erkennen, wie viel Liebe du dir selbst geben kannst. Die meisten Menschen,

die sich noch nie mit der inneren Arbeit auseinandergesetzt haben, suchen nämlich automatisch die Liebe im Äußeren. Sie versuchen ihren empfundenen Mangel an Liebe und Zuneigung durch andere zu stillen, anstatt zu realisieren, dass sie sich auch sehr viel Liebe selbst schenken können.

Solche kleinen Aufmerksamkeiten, mit denen du dir selbst Liebe schenkst und dein positives Mindset stärkst, können für jede und jeden in einer anderen Form auftreten. Für manche bedeutet das beispielsweise gutes Essen, andere wiederum schenken sich selbst etwas mehr Zeit, um ihrem Hobby nachzugehen, wieder andere freuen sich einfach über einen Friseurbesuch. Wichtig ist dabei aber, dass du dein übergeordnetes Ziel, eine gesunde und bereichernde Selbstbeziehung aufzubauen, nicht aus den Augen verlierst. Manchmal hilft es in dieser Hinsicht, wenn man etwas mehr investiert. Das kann im wahrsten Sinne eine Investition in Form von Geld sein, es kann sich aber auch um einfache Selfcare-Momente handeln, in denen du deine Zeit und deine Energie voll und ganz in dein Wohlergehen investierst. Häufig unterliegen wir dem Irrtum, für so etwas nicht genügend Zeit zu haben – doch wenn du dir immer wieder vor Augen hältst, dass jede Selbstliebe-Handlung auch auf dein langfristiges Ziel einzahlt, dann erkennst du, dass diese Investitionen sich deshalb dauerhaft bezahlt machen, weil du dadurch dein gesamtes Wohlbefinden und deine Lebensenergie steigerst. Was würde dir schließlich zehn Minuten täglich eingesparte Zeit bringen, wenn du dich perspektivisch immer schlechter und unglücklicher fühlst?

Wir fassen noch mal zusammen: Fange zunächst an, dich und deinen Körper anzunehmen, um im nächsten Schritt eine liebevolle Beziehung zu dir selbst entwickeln zu können. Denn wenn wir jemanden lieben, behandeln wir diese Personen auch automatisch mit Wertschätzung. Daher ist es wichtig, immer bei dir selbst anzufangen und deinen Körper liebevoll zu behandeln. Wenn du es tust, werden andere es ebenfalls machen. Im nächsten Schritt geht es darum, die innere Arbeit in deinen Alltag zu integrieren, deinen eigenen Weg zu finden, der für dich am besten funktioniert, und dir auf diese Weise auch immer etwas Gutes zu tun.

REMINDER

Fange an, dich mit den Augen der Liebe zu betrachten, dir selbst wertschätzend zu begegnen und positiv über dich zu denken. Denn deine innere Einstellung zu dir selbst bestimmt deine Ausstrahlung. Du wirst mit der Zeit auch immer mehr erkennen, dass deine Selbstbeziehung dir in anderen Beziehungen widergespiegelt wird – fängst du an, dich wertvoll und liebevoll zu behandeln, dann wird dein Umfeld das auch tun.

SO STEIGERST DU DEINEN SELBSTWERT

An dieser Stelle müssen wir näher auf das Stichwort »Selfcare« – frei übersetzt die Pflege, die du dir selbst widmest – eingehen. Der Begriff wird dir schon häufig begegnet sein und ist ein wichtiger Schritt, wenn es darum geht, deinen eigenen Wert hochzuhalten und dir Liebe zu schenken. Sorge dich um dich selbst, oder wie wir es lieber ausdrücken: Plane bewusst Dates für dich selbst ein und nimm dir Zeit, dich um dein Wohlergehen zu kümmern. Denk daran: Je mehr wir in etwas investieren, desto mehr steigt der wahrgenommene Wert in unserem Unterbewusstsein. Selfcare fängt bei kleinen Dingen an, wie dich sorgsam nach dem Duschen einzucremen oder dir regelmäßig einen freien Abend für dich selbst unter der Woche einzuplanen.

Annies Beispiel

» *Als Kind hörte ich mal in einem Fernsehinterview von einer Prominenten, dass für sie wahre Selfcare bedeutet, sich nach dem Duschen einzucremen. Dieser Satz blieb irgendwie bei mir hängen. Vielleicht, weil ich es selbst jahrelang als zu aufwändig und anstrengend empfand. Aber bedeutet das, dass ich mich nicht genug liebte? Erst als ich mit der inneren Arbeit begann, begriff ich, dass Selbstliebe bedeutet, uns auch im Alltag mit Wertschätzung und Liebe zu behandeln. Unser Körper ist das Zuhause, in dem sich unsere Seele und unser Geist ein Leben lang wohlfühlen sollten.*

Ich erkannte nun, wie wahr die Aussage aus dem Interview war: Wenn ich es mir selbst nicht wert war, die zwei zusätzlichen Minuten zu investieren, damit meine Haut gepflegt und mit wichtigen Nährstoffen versorgt wird, wie konnte ich dann von anderen erwarten, dass sie meine Bedürfnisse priorisieren und auf mein Wohlbefinden achtgeben? Natürlich ist mangelnde Selbstwertschätzung kein Freifahrtschein für andere, uns schlecht behandeln zu dürfen. Allerdings strahlen wir immer unterbewusst aus, was für eine Beziehung wir zu uns selbst führen und wie wir – tief in unserem Unterbewusstsein – über uns selbst den-

ken. Dementsprechend ziehen wir auch immer wieder Menschen an, die uns diese tiefen Überzeugungen widerspiegeln. Sie behandeln uns ähnlich wertvoll, wie wir uns selbst wert sind.

Wenn ich mal zu mehr Faulheit neige oder mein eigenes Wohlergehen stressbedingt vernachlässige, erinnere ich mich wieder selbst daran, dass ich die Macht und Verantwortung habe, meinen Selbstwert hochzuhalten. Meine Beziehung zu mir selbst bestimmt meine Beziehung zu anderen Menschen. Die Basis hierfür sind die kleinen Routinen und Rituale im Alltag. Denn sie führen uns Schritt für Schritt zu einer nachhaltig wachsenden Selbstliebe. Wenn du mal wieder Motivation für mehr Selfcare brauchst, erinnere dich daran: Je mehr Zeit, Liebe, Geld und Energie wir in unser Wohlbefinden investieren, desto wohler fühlen wir uns, handeln danach und strahlen dies auch aus. Dadurch ziehen wir ganz automatisch bessere Erfahrungen und Menschen an, die uns ebenfalls liebenswert behandeln. Das sollte doch Motivation genug sein, oder?

Biancas Beispiel

» Meine täglichen Selfcare-Momente sind in erster Linie meine Mindset-Routine und innere Arbeit, die mittlerweile ein fester Bestandteil in meinem Alltag sind. Aber da dies tatsächlich schon eher feste Gewohnheiten sind, möchte ich euch von meinen kleinen Wellness-Belohnungen erzählen, die für mich ganz besondere Selfcare-Momente darstellen. Das kann eine Thai-Massage sein, die ich mir an einem freien Tag gönne – und da muss mich noch nicht einmal jemand begleiten, auch wenn ich das sehr gerne mit einem Besuch von guten Freundinnen verbinde. Es sind unter anderem fest eingeplante Besuche in der Therme mit meiner besten Freundin, ohne Handy und wundervollen Gesprächen, weil wir beide die Auszeit vom All-

tag schätzen und die gemeinsame Zeit genießen. Mit meinem Partner gehe ich ebenfalls regelmäßig saunieren, und wir schaffen es in dieser entspannten Umgebung, über Dinge zu reden, die unter der Woche manchmal untergehen.

Natürlich ist nicht immer Zeit für einen ausgiebigen Wellness-Tag. Daher versuche ich das auch manchmal in einer etwas abgespeckten Version zu Hause. Dann nehme ich mir ausgiebig Zeit im Bad, lege sogar eine Gesichtsmaske auf und kümmere mich einfach intensiv um mich selbst.

Wenn du es richtig anstellst, kombinierst du tägliche Routinen als kleine Selfcare-Momente, aus denen du jeden Tag Energie schöpfst, mit größeren Selfcare-Aktivitäten, die du dir eher alle paar Wochen gönnst und auf die du dich dann besonders freust. Für diese Investments in dich selbst solltest du dir unbedingt die Zeit nehmen. Spare hier nicht an der falschen Stelle, denn nur so kannst du dir die notwendige Aufmerksamkeit geben, die du verdienst. Merke dir: Das beste Investment, das du im Leben machen kannst, ist in dich selbst, denn dein Weiterkommen kann dir keiner mehr nehmen.

Mit Selfcare meinen wir allerdings nicht nur äußerliche Dinge wie eine Massage, Gesichtsmaske oder Maniküre. Selfcare bedeutet auch Wellness für deine Seele und deinen Geist durch Mindset- und Achtsamkeitsübungen. Um deine Routinen dauerhaft und erfolgreich in dein Leben zu integrieren, solltest du nicht mehr groß darüber nachdenken müssen, wann und wie du sie machst. Sondern diese täglichen Minuten, die du deinem eigenen Wohlergehen widmest, sollten als feste Gewohnheiten in deinen Alltag integriert sein, sodass du permanent an deinem Selbstwert arbeitest und deine Selbstliebe und dein Selbstvertrauen stärkst.

Mindset-Übungen lassen sich ganz einfach mit alltäglichen Handlungen kombinieren, wie beispielsweise in Gedanken deine positiven Glaubenssätze durchgehen oder laut aufsagen. Wenn du anfängst, regelmäßig an deinen drei S zu arbeiten – Selbstwert, Selbstliebe, Selbstvertrauen –, wirst du merken, dass die Übungen dir guttun und dass du dich insgesamt glücklicher und zufriedener fühlen wirst, ohne dass hierfür etwas Besonderes im Äußeren passiert sein muss. Wir empfehlen dir, deine ganz eigene Routine zu erschaffen, die zu deinem Alltag und dir passt, anstatt blind die Routinen von anderen Personen oder Social-Media-Empfehlungen zu übernehmen.

Gestalte diese Selfcare-Zeit so, dass du sie in Ruhe für dich genießen kannst. Schon zehn Minuten am Tag reichen aus, um dir etwas Gutes zu tun. Dafür kannst du positive Glaubenssätze für dich schriftlich festhalten oder dir erneut vorlesen, Visualisierungsübungen machen oder einfach deine Gedanken runterschreiben. Das sogenannte Journaling kann Wunder bewirken: Wenn wir unsere Gedanken aus dem Kopf und von der Seele schreiben, fühlen wir uns sofort befreiter, und es hilft uns, sie zu ordnen. Zu weiteren Übungen kommen wir im Laufe des Buches. Du kannst dir aus den verschiedenen Vorschlägen deine ganz eigenen Gewohnheiten und Abläufe kreieren, die in deinen Alltag passen.

Deine Selfcare-Routine kannst du zu jeder Tageszeit für dich einbauen. Achte nur gut darauf, dass du am Abend, wenn du zu Bett gehst, in einem positiven Mindset bist und den Tag in Dankbarkeit abschließt. Vielleicht ist es dir auch schon einmal passiert, dass du vor dem Schlafengehen eine Serie anschaust oder über ein Thema nachdenkst und davon dann auch träumst. Das liegt daran, dass unsere Gehirnwellen in der Phase des Einschlafens in einem bestimmten Frequenzbereich sind, in dem unser Unterbewusstsein besonders empfänglich ist. Daher empfehlen wir dir, dich vor dem Schlafengehen auf all das Gute in deinem Leben zu fokussieren, da auch hier gilt: Das, worauf du deinen Fokus setzt, wird größer werden, weil es sich schneller in deinem Unterbewusstsein verankert.

Auch für den Start in den Tag empfehlen wir dir, bewusst auf deine Gedanken zu achten, anstatt dich passiv von den ersten Ereignissen des Tages, wie die neuen Handy-Benachrichtigungen, beeinflussen zu lassen. Nimm dir direkt nach dem Wachwerden ein paar Sekunden Zeit, deinen Tag in den Gedanken durchzugehen, wie alles im besten Fall laufen wird und wie du dich dabei fühlen möchtest. Denn unmittelbar nach dem Wachwerden sind wir in der gleichen Gehirnwellenfrequenz wie vor dem Einschlafen, und somit ist auch hier unser Unterbewusstsein besonders empfänglich.

Annies Beispiel

» *Zu meinen wichtigsten Selfcare-Routinen für die innere Arbeit zählen Dankbarkeits- und Mindsetübungen. Die Macht der Dankbarkeit ist meiner Meinung nach noch immer weit unterschätzt, obwohl sie einer der einfachsten und größten Hebel für mehr Lebensqualität ist. Ich hatte dir bereits erzählt, dass ich mit 30 Jahren in eine Lebenskrise stürzte und danach mein gesamtes Leben mithilfe der inneren Arbeit umkrempelte. In Filmen werden diese Veränderungssequenzen meist in wenigen Sekunden, hinterlegt mit einem Happy Song, als sehr einfach dargestellt: Die Hauptdarstellerin erkennt, dass sie sich ihrem eigenen Glück widmen sollte, sie streicht ihr Zimmer, legt sich einen neuen Style zu, beginnt sich in ihrem Traumjob zu verwirklichen – und plötzlich ist sie glücklich.*

Doch was in Filmen wenige fröhliche Sekunden sind, waren in meinem Leben zwei mühsame dunkle Jahre: Während meiner Veränderungsphase wollte ich mich zu 100 Prozent mir und meinem Traumleben widmen, daher hatte ich mich von Freunden, Social Media oder anderen Vergnügen erst mal abgeschottet. Die innere Arbeit, viel Sport gepaart mit einer Ernährungsumstellung, mein Fernstudium und der Aufbau meines Business – alles Dinge, für die ich sehr viel Disziplin benötigte und die mir kurzfristig kaum Glücksgefühle bescherten. Zusätzlich arbeitete ich meine vergangenen Wunden auf. Wie hart diese Zeit für mich damals tatsächlich war und wie viel ich weinte, erlebten nur meine Mama und der liebe Gott. Doch ich sage meinen Klientinnen immer: Keine Situation kann so schlecht sein, dass man nicht auch etwas daraus lernen könnte. Damals ahnte ich schon, dass meine eigene Transformationsphase mir wertvolle Erkenntnisse liefern würde, dank derer ich anderen besser helfen kann. Durch meine parallele Ausbildung als psychologischer Coach lernte ich das Wunderwerkzeug der Dankbarkeit kennen. Es war damals eine Herausforderung, in meiner dunkelsten Zeit jeden Tag Dinge zu entdecken, für die ich Freude empfand. Zunächst fühlte ich mich so, als würde ich mir selbst etwas vormachen, wenn ich in mein Journal Dinge schrieb wie »Ich bin dankbar für die süße Ente, die ich heute auf meinem Spaziergang sah«. Oder zum zehnten Mal in Folge, dass ich dankbar für die Gesundheit und Liebe meiner Familie bin – auch wenn das zu dieser Zeit tatsächlich mein größtes und einziges Geschenk war. Dennoch sind damals durch diese Übung nicht von jetzt auf gleich enorme Glücksgefühle in mir entstanden. Aber jede Routine, die auf deine mentale oder körperliche Gesundheit einzahlt, ist wie ein Muskel, den du täglich trainieren kannst. Je stärker dein

Dankbarkeitsmuskel wird, desto kraftvoller werden die Glücksgefühle, die du durch ihn empfinden kannst.

Mittlerweile ist mein Leben voll von Dingen, für die ich jeden einzelnen Tag enorm dankbar bin. Einerseits, weil ich durch die konsequente Arbeit immer mehr Gutes in meinem Leben erreicht habe. Andererseits aber auch, weil mein Muskel so gut trainiert ist, dass ich im Alltag nun ganz automatisch die schönen Kleinigkeiten wahrnehme, die ich in meinem alten unbewussten Leben für selbstverständlich hielt: die warmen Sonnenstrahlen an einem Wintertag, das Lächeln einer fremden Person, der Austausch mit einer Freundin.

Biancas Beispiel

» *Wenn ich morgens meinen Kaffee mit meiner French Press zubereite und mein Frühstück herrichte, habe ich meistens mein Notizbuch neben mir liegen. Darin schreibe ich regelmäßig meine positiven Glaubenssätze auf, die mir in meiner aktuellen Lebenssituation gerade wichtig erscheinen. Ohne groß nachzudenken gehe ich laut diese einzelnen Sätze durch. Währenddessen läuft Meditationsmusik, um mich zu entspannen. Mittlerweile gehört das zu einem festen Bestandteil meiner täglichen Routine, sodass ich teilweise kaum noch in mein Journal schauen muss, um meine Glaubenssätze auszusprechen. Sie haben sich schon verinnerlicht und geben mir ein gutes Gefühl. Dieser kleine Moment am Morgen ist nur für mich bestimmt, und den halte ich mir frei. Dabei ist es egal, ob ich in einer stressigen Arbeitswoche stecke, Urlaub habe oder ins Wochenende starte. Hin und wieder ergänze ich dieses kleine Morgenritual damit,*

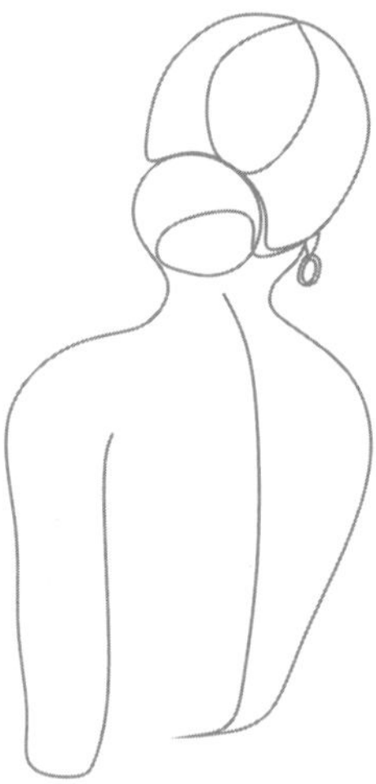

dass ich mich mit meinem fertigen Kaffee vor mein Visionboard setze, eine Collage von Bildern und Sprüchen, die meine Wunschzukunft darstellt, und mir bewusst vor Augen halte, was ich in den nächsten Monaten und Jahren erreichen möchte. Ich versuche mich in die zukünftigen Momente hineinzuversetzen, wenn meine Wünsche und Träume bereits in Erfüllung gegangen sind. Warum diese Routine so wichtig ist, erklären wir dir im Kapitel Manifestieren.

Wir haben dir nun ausführlich dargelegt, wie du mithilfe von Selfcare-Routinen in dich selbst investieren kannst. Falls es dir immer noch schwerfällt, in die Umsetzung zu kommen, verdeutlichen folgende Beispiele noch mal, was für einen enormen Einfluss unsere Selfcare auf unseren Selbstwert hat.

Wenn du lange auf ein neues Handy gespart hast, gehst du damit viel sorgsamer und umsichtiger um, als wenn du es dir ohne viel Mühe kaufen konntest. Du hast in die Anschaffung investiert, was das Gerät für dich viel wertvoller macht, weil es nicht selbstverständlich war, dass du es dir zulegen konntest.

Ein anderes Beispiel stammt aus Annies Coaching-Alltag, und vielleicht erkennst du dich hier ebenfalls wieder: Mittlerweile gibt es online zahlreiche kostenlose Unterlagen in Sachen persönliches Wachstum und Weiterentwicklung. Wenn wir besonders motiviert sind – so wie du vielleicht jetzt gerade, wo du dieses Buch liest –, neigen wir dazu, uns alle Gratisangebote zu sichern und zu downloaden. In diesem motivierten Moment gehen wir davon aus, dass wir alles gewissenhaft umsetzen und anwenden werden. Doch plötzlich fehlt uns der Antrieb, all das gesammelte Wissen auch zu konsumieren und in die Praxis umzusetzen. Kommt dir das bekannt vor? Die Erklärung dafür ist einfach: Auch hier greift das Phänomen des unterbewusst wahrgenommenen Wertes. Wenn wir etwas kostenlos erhalten, müssen wir nichts investieren. Dementsprechend hat es für uns einen sehr geringen Wert. Umgekehrt entsteht allerdings der Effekt, dass, wenn Klienten sich bewusst dafür entscheiden, Geld, Zeit und Energie in ein Coaching zu investieren, um ihre Veränderungswünsche effizient und mit professioneller Begleitung in Angriff zu nehmen, ihr hohes Investment, das sie für ihre Veränderung tätigen mussten, den Wert des Coachings enorm steigert. Ihre Motivation, tatsächlich in die Umsetzung zu kommen und das Maximum aus den Übungen herauszuholen, ist dann ganz automatisch auf einem hohen Level, und so erlebt Annie immer wieder, dass Klientinnen aufgrund ihres Investments auch in herausfordernden Zeiten dranbleiben und diszipliniert an ihren Zielen arbeiten.

Vielleicht kennst du dieses Phänomen aus Podcasts: Du hörst ein augenöffnendes Learning und eine hilfreiche Coaching-Übung, die allerdings nur bei konsequenter Umsetzung einen nachhaltigen Effekt erzielen wird. Da du dieses Wissen, ohne etwas dafür zu machen, umsonst erhalten hast, wird es dir an Motivation mangeln, konsequent dranzubleiben. Du wirst diese wertvollen Inputs vielleicht auch einfach wieder vergessen. Wenn du allerdings immer im Hinterkopf hast, dass du für einen Kurs oder ein Coaching Geld investiert hast, für das du arbeiten musstest, wirst du an dich selbst den Anspruch stellen, alle Übungen umzusetzen, damit sich dein Investment lohnt.

Bei allen Selfcare-Routinen ist das Wichtigste, dass sie dir ein gutes Gefühl vermitteln. Frage dich daher: Was tut dir persönlich besonders gut? Fühlst du dich vielleicht schöner, wenn du dich schick angezogen hast und geschminkt bist? Gibt dir dein Lieblingsparfüm ein gutes Gefühl? Oder verleiht dir ein täglicher Powertalk vor dem Spiegel mehr Selbstsicherheit? Was immer dir hilft, dich in deiner eigenen Haut wohler und schöner zu fühlen, wird dazu beitragen, dass du mehr Attraktivität und Selbstbewusstsein ausstrahlst.

VON DER SELBSTSABOTAGE ZUR INNEREN ARBEIT

Unser Selbstwert und somit auch die Resultate, die wir in unserem Leben sehen, werden nicht nur durch das beeinflusst, was wir bewusst über uns denken und fühlen. Der größte Teil findet unterbewusst statt. Vielleicht hast du schon einmal von dem Begriff »Selbstsabotage« gehört. In den seltensten Fällen realisieren wir, dass wir uns mit unseren Gedanken, Gewohnheiten und Handlungen selbst sabotieren. Für alle, die sich niemals mit der inneren Arbeit auseinandersetzen, wird Selbstsabotage immer in ihrem Unterbewusstsein verborgen bleiben. Selbstsabotage kann sich in jedem Lebensbereich abspielen. Sie kann sich beispielsweise auf deine Fitness beziehen.

Vielleicht fühlst du dich momentan nicht ganz wohl in deinem Körper, doch so richtig kommst du nicht dazu, Sport zu treiben. Aber ab Montag fängst du endlich an, und die Packung Chips heute Abend beim Fernsehen macht dann die paar Kilos hin oder her auch nicht mehr aus. Bewusst denkst du in dieser Situation, dass du gerne wieder fitter werden möchtest und sogar darum bemüht bist, da du dir schließlich bereits Gedanken machst, was du alles ändern möchtest. Vielleicht rechtfertigst du dir selbst gegenüber auch, dass die Umstände oder der Zeitpunkt gerade nicht ideal sind. Aber weil dein Wunsch zur Veränderung da ist und du vielleicht schon erste Anläufe gewagt hast, hast du das Gefühl, dass du dieses Thema bereits angehst.

Unterbewusst fühlt sich für unser Gehirn das Gewohnte immer sicherer an, und Sicherheit ist eines unserer Grundbedürfnisse. Generell bevorzugt unser Gehirn auch deshalb Gewohnheiten, da es energiesparend ist, nicht jeden Tag aufs Neue Tausende von Alltagsentscheidungen zu fällen. Wie kam es allerdings zu der Gewohnheit, abends noch Chips zu essen, vielleicht sogar an Tagen, an denen man zuvor noch auf jede Kalorie geachtet hat und sogar zum Sport gegangen war? Die Gründe für Selbstsabotage können so vielfältig wie unsere persönlichen Geschichten sein. Vielleicht ist in deinem Leben schon eine Weile nicht mehr viel Spannendes los – das Liebesleben ruht, die Freunde sind mit ihren eigenen Angelegenheiten beschäftigt, und dein Job ist Routine. Doch unser Gehirn sucht immer etwas, worum unsere Gedanken kreisen können.

Wie wäre es, sich gedanklich auf die fünf Kilos, die seit deiner letzten Trennung nie mehr runtergegangen sind, zu konzentrieren? Du hast nun wieder eine sinnstiftende Mission. Du suchst neue Sportkurse und Diättipps raus. Abends auf dem Sofa speicherst du Instagram-Rezepte für den nächsten Tag ab. Deine Gedanken kreisen ständig um das Thema. Angenommen, du würdest nun innerhalb weniger Wochen dein Ziel erreichen und halten, wäre da plötzlich wieder diese Leere. Die Aufgabe, die dich beschäftigt hat, wäre plötzlich weg. Die eine große Mahlzeit am Tag, die du stundenlang herbeigesehnt und die dir mit jedem Bissen Glücksgefühle beschert hat, wäre ab diesem Moment nicht mehr das Highlight, das deinen Tag erhellt.

Doch diese vermeintlichen Nachteile, wenn wir unser Ziel erreichen, nehmen wir meist nicht bewusst wahr. Unser Unterbewusstsein verfolgt meist einen Nutzen, auch wenn dieser für uns versteckt bleibt: Je länger du in deiner Diät-Jo-Jo-Schleife bleibst, desto weniger wird dir auffallen, dass du vielleicht mit ganz anderen Lebensbereichen unzufrieden bist und dort mal genauer hinschauen müsstest. Vielleicht würdest du dann sehen, dass du jetzt schon mehrere Jahre unerwünscht Single bist und riesige Angst hast, dass dein Kinderwunsch sich nun möglicherweise nie realisieren wird. Oder du müsstest dir eingestehen, dass dein Job dich noch nie richtig erfüllt hat und all die Jahre Studium der falsche Weg waren. Netter formuliert können wir Selbstsabotage daher auch als Selbstschutz bezeichnen, da ihr häufig ein versteckter Nutzen unterliegt.

Oder du bist gefrustet, was dein Dating-Leben angeht. Immer gerätst du an die sogenannten Bad Boys. Aber einen Typen konsequent nach dem ersten Date abzuschießen kommt dir nicht in den Sinn, auch wenn er all die typischen Anzeichen deines bisherigen Dating-Musters an den Tag legt. Bewusst denkst du, dass du einfach Pech in der Liebe hast und deswegen immer an die Falschen gerätst. Unterbewusst lenkst du dich allerdings immer wieder selbst in diese Situationen. Mehr zu diesem konkreten Fall von Selbstsabotage im Liebesleben findest du im Kapitel, wo es um das Thema Dating und Beziehungen geht.

Dies sind nur einige fiktive Beispiele, um dir zu verdeutlichen, dass wir unseren Zielen oft selbst im Weg stehen, weil unsere schädlichen Gewohnheiten unterbewusst einen vermeintlichen Vorteil verfolgen. In anderen Fällen war dein aktuell unerwünschtes oder schädliches Verhalten früher einmal, in einer anderen Lebenssituation, nützlich und hat dich vor etwas bewahrt. Vielleicht hast du schon von emotionalem Essen gehört. Oft ist diese Gewohnheit in einer Lebensphase entstanden, in der uns das Essen Trost gespendet hat, da es Glücksgefühle in uns auslöste. Diese Bewältigungsstrategie hat sich dann zu einer schädlichen Gewohnheit etabliert. Doch einst verfolgte auch diese Gewohnheit einen Nutzen.

Vielleicht hast du dich in irgendeiner Form in diesen beiden Beispielen wiedererkannt. Ob wir es uns eingestehen wollen oder nicht – meistens sabotieren wir uns unterbewusst selbst, wenn wir einen Wunsch, den wir schon lange realisieren wollen, einfach nicht erreichen. Als Coach hat Annie schon einige Klientinnen gehabt, denen sie dieses Muster aufgezeigt hat, da man die Selbstsabotage bei sich selbst kaum wahrnehmen kann. Gerade bei diesem Thema haben wir alle unsere blinden Flecken, die häufig erst durch einen geschulten Expertenblick von außen entlarvt werden können. Um die Selbstsabotage zu stoppen, musst du dich intensiv mit deinem Inneren auseinandersetzen. Erst wenn du dir die unterbewussten Muster bewusst machst, wirst du mit deinem bewussten Denken die Selbstsabotage erkennen und in sie eingreifen können. Das heißt, sobald du die Selbstsabotage identifizierst, kannst du dich bewusst für eine andere Handlung entscheiden als bisher und somit auch endlich neue Ergebnisse erzielen. Mehr dazu erklären wir in dem Kapitel Unterbewusstsein.

Eine wichtige Hilfestellung, um deine Selbstsabotage zu durchbrechen, ist folgende Mindset-Veränderung: Du kannst dich im Leben jeden Tag für dein kurzfristiges Wohlergehen entscheiden. Wonach ist dir in diesem Moment? Dabei wird der Gedanke an dein Zukunfts-Ich oft und gern außen vor gelassen. Und genau das ist das Problem. Wie in unserem Fitness-Chips-Beispiel von oben: Willst du lieber zwei Minuten Genuss abends auf dem Sofa, aber dafür ein geschmälertes Selbstvertrauen, weil du deine Vorsätze mal wieder nicht eingehalten hast, Selbstzweifel, weil du dich in deinem Körper immer unwohler fühlst, und eine beeinträchtigte Gesundheit? Oder wählst du den kurzfristigen Verzicht, um dich langfristig wohler zu fühlen? Wer langfristige Veränderungen möchte, sollte auch die dazu passende Grundlage schaffen. Frage dich immer, wenn du dich für einen spontanen Impuls entscheidest, der aber nicht auf dein langfristiges Ziel einzahlt, wie sich dein Ich – aufgrund deiner jetzigen Entscheidung und den damit einhergehenden Konsequenzen – morgen, in einem Jahr oder in zehn Jahren fühlen wird.

Bleiben wir bei dem Beispiel, dass du eigentlich gerne wieder fitter werden möchtest. Doch nach einem langen Arbeitstag willst du dich einfach nur aufs Sofa legen und deine Lieblingsserie schauen. Klar wäre es doch ganz nett, dazu den passenden Snack zu konsumieren. An Sport ist jetzt gar nicht mehr zu denken. Anstatt dir einen gesunden Snack zuzubereiten, greifst du lieber, wie gewohnt, nach der Packung Chips. Für den heutigen Abend fühlt sich das gut an. Aber diese Momente wiederholen sich sehr oft, auf Dauer fühlst du dich immer schlechter. Dein Ziel, etwas besser in Form zu sein und dich gesünder zu ernähren, scheint unerreichbar. Du steckst bereits in deinen festgefahrenen Mustern fest.

Wir unterschätzen, dass die kleinen täglichen Entscheidungen, wie die Tüte Chips, auf ein Jahr summiert eine große Entscheidung mit großen Konsequenzen ergeben. Auf eine Woche betrachtet, wird täglich eine Tüte Chips keinen großen Unterschied machen. Aber im Laufe eines Jahres sind das schon so viele zusätzliche Kalorien, dass du dadurch dauerhaft zunehmen würdest, sofern du den Konsum nicht durch zusätzliche Bewegung ausgleichst. Genauso würdest du innerhalb des gleichen Jahres enorm viele Kalorien einsparen, wenn du den täglichen Chips-Konsum aufgibst. Und noch mehr Veränderung würdest du erzielen, wenn du dazu täglich zehn Minuten Spazierengehen hinzufügst. Auch das scheint auf eine Woche betrachtet kaum einen Unterschied zu machen. Doch wenn du dich ein Jahr lang täglich zehn Minuten mehr bewegst, wird sich das positiv auf deine allgemeine Gesundheit auswirken.

Das Problem ist, dass viele Menschen sich in solchen Situationen nur an ihren Short-Term-Benefits, also ihrem kurzweiligen Vergnügen, orientieren. Den meisten fällt es schwer, ihre Ziele zu erreichen, indem sie diszipliniert daran arbeiten und durchhalten, obwohl noch keine großen Erfolge in Sicht sind. Doch Durchhaltevermögen und Disziplin sind die beiden Faktoren, die benötigt werden, um dein besseres Ich hervorzubringen. Um dir das etwas leichter zu machen, wäre es gut, wenn du versuchst, keine kurzfristig orientierten Entscheidungen zu treffen, sondern immer das Wohlergehen deines zukünftigen Ichs zu priorisieren.

Im Hier und Jetzt leben ist das eine, da stimmen wir dir zu. Natürlich solltest du im Sinne der Achtsamkeit auch den Moment genießen. Aber frag dich dennoch, welche langfristigen Konsequenzen durch deine täglichen Entscheidungen für dich entstehen können. Wenn du weißt, dass du jemand bist, der abends auch mal eine Packung Chips essen kann und am nächsten Tag wieder zum Sport geht und sich gesund ernährt, spricht da überhaupt nichts dagegen. Aber wenn du schon weißt, dass es dir schwerfällt, auf eine gesunde Ernährung und Sport zu achten, wenn du abends deinen Gelüsten freien Lauf lässt, lügst du dir in dem Moment selbst etwas vor, anstatt dir zuliebe deine langfristigen Ziele und Träume zu verfolgen.

Halte dir außerdem vor Augen, dass keine Entscheidung zu treffen und so weitermachen wie bisher auch keine Lösung ist. Jede nicht getroffene Entscheidung zieht nämlich ebenfalls Konsequenzen nach sich und ist somit automatisch die Entscheidung, dein Leben so weiterzuführen wie bisher. Streng genommen bedeutet eine nicht getroffene Entscheidung in Situationen, in denen du unzufrieden bist, sogar, dass du dich dafür entscheidest, noch unglücklicher zu werden. Denn je länger wir in einer Situation steckenbleiben, die uns runterzieht, desto mehr wächst die Unzufriedenheit in uns.

REMINDER

Die Kunst, um wahrhaftig und langfristig glücklich zu sein, ist es, immer das große Ganze zu betrachten und langfristig zu denken. Was bedeuten meine heutigen Entscheidungen kurz-, mittel- und langfristig gesehen für mein zukünftiges Ich und das Leben, das ich gerne führen möchte?

Aufgeschoben ist nicht aufgehoben

Wir neigen dazu, unsere Probleme oder Dinge, die uns belasten, zu ignorieren und einfach keine Entscheidung zu treffen. Oft hoffen wir sogar auf ein Wunder, dass plötzlich alles besser wird. Dabei bleiben wir passiv und nehmen unseren Status quo einfach hin. Dadurch werden die Dinge, die uns stören, aber immer größer und belastender. Das passiert zunächst in unserem Unterbewusstsein. Das ist das Heimtückische und der Grund, warum es die meisten Menschen erst realisieren, wenn es bereits zu spät ist. Du kannst dir das wie einen großen Haufen Abfall vorstellen: Alles, was dich stört und womit du nicht zufrieden bist, häuft sich in deinem Unterbewusstsein an. Der Berg, den du mit dir herumträgst und der dich täglich unterbewusst viel Energie kostet, wird immer größer. Bis er eines Tages so groß ist, dass er nicht mehr unterdrückt werden kann und ein Eigenleben entwickelt – Schimmel und Ungeziefer machen sich breit: Deine verdrängten Themen treten aus deinem Unterbewusstsein hervor. Entweder manifestiert sich dies in einer körperlichen oder seelischen Krankheit, wie zum Beispiel einem Burn-out, oder dir wird plötzlich klar, wie traurig du tatsächlich bist, weil der Berg so groß geworden ist, dass du ihn nicht mehr ignorieren kannst. Beispielsweise die berühmte Midlife-Crisis: Die Kinder werden flügge und ziehen aus. Plötzlich sind die Eltern Mitte 50 wieder unter sich als Paar. Beziehungsprobleme, die die letzten Jahre der Gewohnheit und der Kinder wegen verdrängt wurden, kommen jetzt wieder zum Vorschein. Genauso wie alle anderen Themen, denen man zuvor keine Aufmerksamkeit gewidmet hatte, die sich aber über all die Jahre hinweg im Unterbewusstsein angesammelt haben.

Stattdessen sollten wir lernen, diese Sachen aktiv anzugehen, denn auf Dauer wird es uns damit wesentlich besser gehen. Das bedeutet aber auch, dass wir in unsere Bildung und unser eigenes Weiterkommen im Leben investieren sollten. Auch in unser mentales Wohlbefinden, denn diese essenziellen psychologischen Grundlagen bekommen wir leider nicht in der Schule beigebracht. All diese immateriellen Dinge dürfen uns genauso viel wert sein wie ein neues Handy oder eine große Urlaubsreise.

Gehe mit Leichtigkeit durch dein Leben

Nimmst du dir die Zeit, um dich weiterzuentwickeln? Nimmst du beispielsweise an einem Kurs teil, der dir persönlich weiterhelfen könnte? Nimmst du dir Zeit für solche Dinge? Und wie regelmäßig? Oder gar nicht? Wieso eigentlich nicht? Wir sind alle beschäftigt und haben viele Aufgaben, die wir im Alltag erledigen müssen. Einkaufen, arbeiten, zum Sport gehen, Freunde und Freundinnen treffen – die Liste ist unendlich lang. Aber was könnte es Schöneres geben, als glücklicher und unbeschwerter durchs Leben zu gehen und diese Dinge mit Freude und Leichtigkeit in Angriff zu nehmen, weil uns sonst weiter nichts belastet? Um diesen Zustand zu erreichen, sind allerdings häufig Hilfestellungen nötig. In jedem Leben passieren Dinge, die uns verletzen, enttäuschen oder einfach traurig machen. Jedes unverarbeitete Ereignis wird weiterhin in unserem Unterbewusstsein schlummern. Vor allem bei Dingen, die wir negativ in Bezug auf uns selbst interpretiert haben, entstehen negative Glaubenssätze, die sich fest in unserem Unterbewusstsein verankern und uns in Zukunft immer wieder steuern und beeinflussen werden. Wie genau das funktioniert und vor allem auch, was du dagegen tun kannst, erklären wir dir ausführlich in den Kapiteln »Das Unterbewusstsein« und »Glaubenssätze«.

Dein eigener Weg zur inneren Arbeit

Suche dir einen Weg für die innere Arbeit, der für dich am geeignetsten ist. Ob Bücher, Podcast oder ein Coaching – das ist reine Typsache und auch davon abhängig, wie viel sich bei dir schon angesammelt hat und ob du dir lieber selbst Fachwissen aneignest oder von einem Experten unterstützt werden möchtest. Das Wichtigste ist, dass du dir Zeit dafür nehmen musst und genügend Disziplin und Durchhaltevermögen aufbringst, denn eine Mindset-Veränderung geschieht nicht von heute auf morgen. Schließlich hast du all die Denk- und Verhaltensmuster jahrelang täglich antrainiert. Dementsprechend dauert es auch eine Weile, neue Verhaltensweisen in deinem Gehirn und Unterbewusstsein zu verankern. Indem du in dich investierst, arbeitest du an dir selbst und lernst beispielsweise, wie du Negatives nicht zu lange mit dir herumträgst und richtig verarbeitest. Dadurch wirst du Dinge, die du bisher als Problem eingeordnet hattest, nun als Herausforderung, an der du wachsen wirst, betrachten. Durch die innere Arbeit lernst du nicht nur, die Herausforderungen des Lebens mit einer positiven Grundeinstellung anzugehen, sondern du stärkst auch deine inneren Ressourcen wie dein Selbstvertrauen und deine Resilienz, sodass du mit jeder gemeisterten Herausforderung automatisch weniger Angst vor neuen, unerwarteten Dingen haben wirst.

Deine Energie ist deine kostbarste Währung

Ein weiterer Faktor ist deine Energie. Sie sollte immer dein kostbarstes Gut sein. Du hast bestimmt schon davon gehört, dass Zeit das Wertvollste ist, was du besitzt, weil du sie nicht mehr wiederbekommst, wenn sie erst einmal weg ist. Aber alle Zeit der Welt bringt dir nichts, wenn du keine Energie mehr hast, um die Zeit so zu nutzen, wie du es gerne möchtest. Vielleicht hattest du auch schon einmal nach einer sehr arbeitsintensiven Periode endlich Urlaub – also freie Zeit –, aber da du so gestresst und erschöpft von den letzten Monaten warst, konntest du diese Zeit nicht sinnvoll nutzen. Du hattest keine Energie mehr. Energie bezieht sich jedoch nicht nur auf einen körperlichen Status. Was viele nicht ahnen: Häufig sind wir bereits mental oder seelisch erschöpft, bevor unser Körper Zeichen von mangelnder Energie aufweist. Die Müdigkeit des Körpers ist oft nur ein Resultat dessen, dass wir die Müdigkeit der Seele lange Zeit ignoriert haben. In dem Unterkapitel »Warnzeichen« erklären wir dir, auf welche Anzeichen du dringend achten solltest.

Daher merke dir, an erster Stelle kommen deine seelische und körperliche Energie – gehe sorgsam damit um, danach folgt deine wertvolle Zeit, und erst an dritter Stelle kommt dann das Geld. Die meisten begehen den Fehler, das Geld oder ihre Zeit zu priorisieren, aber diese beiden Dinge werden dir nichts bringen, sofern du keinen Antrieb mehr hast und deine Lebensenergie auf der Strecke bleibt.

Es macht oft Sinn, wenn du Aufgaben auslagern kannst, dies auch zu tun, um möglichst viel Zeit und Energie zu sparen. Auch hier gilt es wieder, die langfristigen Vorteile abzuwägen und nicht auf kurzfristige Ersparnisse zu fokussieren. Hört sich einfach an, doch nehmen wir noch einmal das Fitness-Beispiel: Du möchtest fünf Kilos loswerden und insgesamt fitter werden. Du denkst dir, heutzutage findet man sowieso alle Informationen wie Rezepte und Sportübungen online. Was du an diesem Punkt deiner Überlegungen jedoch nicht mit einberechnest, sind die Zeit, das richtige Wissen zu recherchieren und dir anzueignen, die Phase des »Trial and Errors«, auf welche Essens- und Sportkombination dein Körper am besten reagiert, sowie die Energie und Zeit, die verloren gehen, weil du gefrustet bist, wenn du nicht schnell weiterkommst und dann schließlich wieder aufgibst. Ohne diese Dinge mit einzuberechnen, erscheinen drei gebuchte Stunden bei einem Personal Trainer, der dir einen individuellen Sport- und Ernährungsplan erstellt, sehr teuer. Du denkst dir, das kann ich auch alleine. Doch langfristig betrachtet wird es dich wesentlich mehr kosten, als hättest du von Anfang an die Abkürzung mit einem Experten gewählt.

Um solche Entscheidungen zu treffen, macht es daher immer Sinn, den langfristigen Preis deiner Entscheidungen schon einmal im Kopf durchzugehen. Auf diese Weise wirst du Entscheidungen leichter und auch viel bewusster treffen. An dieser Stelle müssen wir das Stichwort »innere Arbeit« erneut fallen lassen. Viele beachten bei Entscheidungen, die sie im Heute treffen, nicht, wie sich ihre Zukunft entwickeln könnte, wenn sie liebevoll mit sich selbst umgehen und was das alles Gutes für ihr Zukunfts-Ich bedeuten würde. Wer heute nichts für sich und seine Wunschvorstellung von seinem idealen Ich unternimmt, zahlt früher oder später ebenfalls einen hohen Preis.

REMINDER

Seelische Probleme machen sich meist körperlich bemerkbar, bevor sie uns überhaupt richtig bewusst werden.

Annies Beispiel

» *Der Lebensbereich, in dem ich mich am längsten selbst sabotiert habe, ist die Liebe. Vielleicht kennst du dieses Phänomen, dass dir im Liebesleben immer wieder ähnliche Situationen widerfahren. Bei mir waren es typische Muster, die mir häufig bei meinen Klientinnen begegnen: Ich fühlte mich meist zu den Männern hingezogen, die weder ein ernsthaftes Beziehungsinteresse hatten noch hätten sie langfristig zu mir gepasst. An diesen unpassenden Kandidaten hielt ich dann immer viel zu lange fest, auch nachdem die Geschichten schon beendet waren. Auf diese Weise zogen viele besser passende Kandidaten an mir vorbei, da ich sie entweder von Anfang an gar nicht richtig wahrnahm, weil sie nicht meinem unterbewussten Beuteschema entsprachen. Oder weil ich zu der Zeit noch einem der unpassenden Männer hinterhertrauerte.*

So vergingen bei mir Jahre. Ich hatte mich schon lange vor meiner Ausbildung zur psychologischen Beraterin mit dem Thema Dating-Psychologie befasst. Schließlich schien ich schon seit Teenagerjahren eher »Pech« in der Liebe zu haben, und ich trug schon immer den Drang in mir, das menschliche Handeln besser verstehen zu wollen.

Als ich dann bereits einige Zeit in meinem Beruf als psychologischer Coach tätig war und langsam der Wunsch nach einer lebenslangen Partnerschaft in mir immer größer wurde, beschloss ich, mein eigenes Liebesleben genauestens zu analysieren – genau so, wie ich es bei meinen Klientinnen handhabe. Wo waren meine blinden Flecken? Inwiefern hatte ich mich bisher selbst sabotiert? Und so entlarvte ich meine ganz persönlichen Selbstsabotage-Muster: Zum einen das bereits erwähnte zu lange Festhalten an den falschen Kandidaten. Wer nicht loslässt, hat keine Hand frei für etwas Neues. Ich blockierte mich auf diese Weise unterbewusst und schützte mich dadurch davor, jemand Passenden wieder gefährlich nah an mich heranzulassen. Solange ich an den falschen Typen festhielt, konnte gar keine engere Bindung zu je-

mandem entstehen, der dann wieder das Potenzial hätte, mich so zu verletzen, wie ich es schon in früheren Beziehungen erlebt hatte. Ich trug noch weitere Sabotagemuster in mir, manche von ihnen treten auch heute ab und an noch in meiner Beziehung auf. Der Unterschied ist nur: Ich erwische mich nun immer recht schnell dabei, wenn es passiert, und kann dann bewusst entscheiden, mich anders zu verhalten, als mein Unterbewusstsein mich früher automatisch gelenkt hätte.

Biancas Beispiel

» *Auch ich bin nicht frei vom Phänomen der Selbstsabotage. Noch heute merke ich es in kleineren Situationen, wie ich in alte Muster verfalle oder mein Selbstschutzmechanismus so groß ist, dass ich mir selbst im Weg stehe. Die alten Wunden meiner Liebeserfahrungen heilen zwar, aber es ist ein stetiger Prozess, an ihnen zu arbeiten und die Vergangenheit loszulassen. Ein ziemlich frisches Beispiel der Selbstsabotage stammt aus meiner vergangenen Datingphase. Als ich meinen jetzigen Partner kennengelernt habe, hatte ich einige gescheiterte Dates hinter mir. Man könnte fast behaupten, ich hatte kaum noch Hoffnung, jemandem zu begegnen, der sich wahrhaftig für mich interessiert und mich kennenlernen möchte – auch wenn ich natürlich rein rational wusste, dass das völliger Quatsch ist. Aber nur zwei Wochen bevor ich meinen heutigen Partner kennenlernte, wurde ich nach einem netten zweiten Date geghostet. Obwohl mein Partner mir damals keinen Anlass zum Zweifeln oder Misstrauen gab, hielt ich mein Herz anfangs hinter Mauern verborgen. Als es darum ging, unsere Beziehung offiziell zu machen, zögerte ich zunächst und schob es immer weiter auf, aus Angst, verletzt zu werden. Erst als mein Umfeld und vor allem Annie mir deutlich machten, dass ich ewig auf den richtigen Moment, das eindeutige Zeichen oder dergleichen warten könnte und manchmal etwas im Leben gewagt werden muss, ließ ich diesen Selbstschutz fallen. Erst im Nachgang wurde mir bewusst, dass ich dabei war, mir etwas sehr Gutes selbst zu verbauen, wenn ich mein Herz nicht einfach geöffnet hätte.*

Selbstsabotage erkennen

Wie kannst du erkennen, ob auch du dich in einem oder mehreren Lebensbereichen selbst sabotierst und deinem eigenen Glück im Weg stehst? Ein Hinweis ist, dass du dir in einem Lebensbereich schon länger etwas wünschst – wie in unseren Beispielen eben einen passenden Partner, mit dem du eine gemeinsame Zukunft aufbauen und teilen kannst. Doch langsam hast du das Gefühl, dass dieses Ziel für dich nicht erreichbar ist und du auf dem Weg dorthin vielleicht auch häufiger dieselben Irrwege gehst. Im Dating wäre das klassische Beispiel wie bei Annie Du interessierst dich immer nur für Männer, die dir unterm Strich nicht guttun und dich mehr enttäuschen und verletzen, als dein Leben wahrhaftig zu bereichern.

Außerdem ist es ein Warnzeichen, wenn du dich nicht mehr daran erinnern kannst, wann du das letzte Mal voller Energie und Lebensfreude warst. Das weist darauf hin, dass sich in deinem Unterbewusstsein bereits viele Themen und unverarbeitete Ereignisse angesammelt haben, die dir Energie rauben. Das wird immer so weitergehen, bis du dich diesen Themen mithilfe der inneren Arbeit widmest. Daher sind auch zunehmende Antriebslosigkeit und wenig Begeisterungsfähigkeit und Lebensfreude ein Warnzeichen dafür, dass du deinem Glück selbst im Weg stehst. Denn die innere Arbeit kann dir keiner abnehmen, du kannst nur die Abkürzung nehmen, indem du professionelle Hilfe und Unterstützung auf deinem Weg annimmst. Wenn du diese Warnzeichen weiterhin ignorierst, musst du dir leider eingestehen, dass du dein eigenes Glück sabotierst. Möchten du und dein Zukunfts-Ich diesen Preis weiterhin zahlen?

Von allein wird es nicht besser, aber mit unserer Hilfe kannst du die ersten Weichen legen, um aus deinem Alltagstrott und deiner Negativspirale herauszukommen. Fühlst du dich innerlich schlecht, strahlst du das auch immer nach außen. Dementsprechend wirst du Negatives anziehen. Dabei könntest du dein Leben schon mit kleinen, täglichen Schritten positiv bereichern. Entscheidest du dich also für das Glück deines Zukunfts-Ichs? Wenn wir dir diese Entscheidung abnehmen könnten, würden wir mit »Ja« antworten. Denn wir können dir mit unserem heutigen Wissen bestätigen: *Du* bist das wertvollste Investment, das du für ein glückliches Leben tätigen kannst.

REMINDER

Keine Entscheidung zu treffen ist keine Lösung. Jede nicht getroffene Entscheidung zieht ebenfalls Konsequenzen nach sich und raubt dir unterbewusst jeden Tag Energie. Daher bedenke immer das langfristige Ergebnis, das du erzielen möchtest, wenn du vor einer Entscheidung stehst.

SOLLTE ICH AN MEINEM SELBSTWERTGEFÜHL ARBEITEN?

Wir werfen oft mit Begriffen um uns, wissen aber in den häufigsten Fällen gar nicht genau, was dahintersteckt. Im Rahmen unseres High Value Modells haben wir dir die drei S vorgestellt: unser Selbstwertgefühl, das auf den beiden inneren Ressourcen Selbstliebe und Selbstvertrauen aufbaut.

Um die Begriffe für dich greifbarer zu machen, wollen wir nun einige Anzeichen aus dem alltäglichen Leben mit dir teilen, die dir zeigen, dass du an diesen drei S arbeiten solltest, um zu einer High Value Frau zu werden. Wir fokussieren uns im Folgenden vor allem auf Aspekte, die Annie im Laufe der Jahre besonders häufig bei Klientinnen feststellen konnte. Diese Anzeichen erleben viele, aber nur wenige realisieren, dass ihr Verhalten aus einem niedrigen Selbstwertgefühl heraus resultiert.

Da wir im Kapitel Selbstbeziehung bereits ausführlich auf die Facetten der Selbstliebe eingegangen sind, möchten wir nun die Säule des Selbstvertrauens näher beleuchten. Selbstvertrauen bedeutet, dass du dir vertraust und an deine Stärken und Talente glauben kannst, egal, mit welcher Herausforderung das Leben dich konfrontiert. Wenn du ein gesundes Selbstvertrauen hast, weißt du, dass du die bestmögliche Lösung finden wirst, auch wenn etwas Unerwartetes passiert. Die Abwesenheit von Selbstvertrauen bedeutet Angst: Je weniger du auf dich selbst vertraust, alles meistern zu können, desto mehr Ängste werden dich begleiten. Die folgenden Anzeichen werden dir zeigen, ob du aktiv an deinem Selbstvertrauen arbeiten solltest, um dein Leben zu vereinfachen und zu verschönern.

Du schiebst Sachen auf

Dieser Punkt klingt erst einmal nach dem typischen Prokrastinieren, das wir alle kennen. Doch die Ursachen hierfür liegen meist tiefer. Vielleicht hast du dir schon einmal vorgenommen, ein neues Hobby zu lernen. Oder du hast schon lange eine Buchempfehlung bekommen, das Buch steht schon in deinem Regal, aber bislang hattest du einfach keine Zeit, um endlich mal reinzulesen. Immer wieder startest du einen neuen Versuch, deinem angestrebten Ziel näherzukommen. Bislang bist du es aber noch nicht einmal angegangen, geschweige denn zu Ende gebracht. Solche Situationen begründen wir oft mit zu wenig Zeit, mangelndem Durchhaltevermögen oder fehlender Motivation. Denn wären wir motiviert genug, dann wären wir drangeblieben und hätten es durchgezogen, ein neues Hobby zu starten oder das Buch zu lesen. Kommt dir das bekannt vor?

Tatsächlich gehört das Aufschieben von Sachen auch zu den Anzeichen von mangelndem Selbstvertrauen. Denn wenn du ausreichend Selbstvertrauen hast, dann glaubst du auch daran, dass du alles, was du beginnst, erfolgreich zu Ende führen wirst. Du weißt, dass du das Potential in dir trägst, um alles, was du anfasst, zu Gold zu machen. Wenn wir dazu neigen, Dinge gar nicht erst anzugehen oder schnell wieder aufzugeben, dann haben wir tief in uns verankert, dass wir es sowieso nicht schaffen würden. Wir glauben nicht daran, dass wir unser Ziel oder unseren Wunschtraum erreichen können. Vielleicht denkst du nun: »Was hat auch das fünfte gekaufte Buch nur anzufangen und nicht zu Ende zu lesen denn mit meinem Selbstvertrauen zu tun?« Aber unser Gehirn und unser Unterbewusstsein lernen und merken sich all unsere Gewohnheiten.

In diesem Beispiel hast du es dir zur Gewohnheit gemacht, dass du dir vornimmst, ein Buch zu lesen. Dieses Versprechen an dich selbst hältst du aber nicht ein. Je mehr das nun in dir verankert ist, dass du es sowieso nicht machst, und je öfter du diese Erfahrung wiederholst, etwas anzufangen und wieder abzubrechen, desto weniger wirst du dich in Zukunft dafür motivieren können. Ungelesene Bücher in unserer Freizeit haben nicht unbedingt schwerwiegende Konsequenzen, aber genauso verhält es sich auch bei allen anderen Vorhaben: endlich einen neuen Job suchen oder die notwendige Weiterbildung abschließen, sich mit seinen Finanzen auseinandersetzen, sich gesünder ernähren. Bei kleinen wie bei großen Vorhaben, die du nicht (dauerhaft) umsetzt, lernt dein Unterbewusstsein: Ich kann mir nicht selbst vertrauen, ich breche die Versprechen an mich selbst und gebe schnell wieder auf. Dabei solltest du es dir selbst wert sein, deine Vorhaben in die Tat umzusetzen. Einem Freund, der ständig seine Versprechen dir gegenüber bricht, würdest du schließlich auch nicht mehr vertrauen, oder?

Du vertraust bei Entscheidungen nicht deiner persönlichen Einschätzung

Du weißt gerade nicht, ob du bei einem Streit mit einer engen Freundin die richtige Entscheidung triffst. Zwischenmenschliche Konflikte können eine Situation sein, in der du nicht auf deine eigene Entscheidung und Einschätzung vertraust. Das äußert sich beispielsweise dadurch, indem du dir gerne Rat bei anderen einholst oder Ratschläge im Internet suchst, anstatt auf deine eigene erfahrungsbasierte Beurteilung zu vertrauen. Ist deine Einschätzung der Situation richtig, oder übertreibst du, wenn du die Freundschaft deswegen beendest? Natürlich kann es sinnvoll sein, andere Sichtweisen und Perspektiven zu berücksichtigen. Aber je besser es um dein Selbstvertrauen steht, desto weniger wirst du dich auf die Meinung anderer verlassen, auch wenn du sie dir vielleicht dennoch gerne anhörst. Aber in Bezug auf deine Entscheidungen vertraust auf deine eigene Einschätzung.

Wenn dieses Anzeichen auf dich zutrifft, wirst du generell ungern Entscheidungen im Alltag treffen. Was soll ich heute Abend anziehen? Ist meine Antwort an ihn okay, oder sollte ich noch eine zweite Freundin um Rat fragen? Soll ich am Wochenende zu diesem Geburtstag gehen? Wir müssen täglich viele kleine Entscheidungen fällen. Je mehr Selbstvertrauen du hast, dass du die richtige Wahl triffst, desto einfacher wird es dir fallen. Wenn du ungern eine Variante wählst und dich auf etwas festlegst, kann dies darauf hindeuten, dass du unterbewusst zudem nicht gerne die Verantwortung für die jeweiligen Konsequenzen übernimmst und dir selbst einfach nicht genug vertraust, das Richtige zu tun – egal, welche Konsequenzen deine Entscheidungen haben werden.

Es kann auch sein, dass die Stimme deiner inneren Kritikerin, die dich hinterfragt, sehr laut ist. Vielleicht kennst du Gedanken wie »Was, wenn ich dann doch etwas verpasse?«, »Ist das tatsächlich mein Traumjob?« oder »War das wirklich die richtige Entscheidung?«. Menschen mit wenig Selbstvertrauen treffen nicht nur ungern Entscheidungen, sondern bereuen und hinterfragen ihre getroffenen Entscheidungen manchmal recht schnell.

Verantwortung für die eigenen Entscheidungen und deren Konsequenzen zu übernehmen hat ebenfalls etwas mit Selbstvertrauen zu tun. Wenn du wirklich weißt, was in dir steckt und dass du immer Lösungen findest und das Beste aus einer Situation herausholst, bist du darüber hinaus bereit, Verantwortung für vermeintliche Fehlentscheidungen zu übernehmen. Du wirst nicht die kritische Meinung anderer befürchten, weil du selbstbewusst zu den Gründen stehst, aus denen du deine Entscheidung gefällt hast. Das ist die Grundvoraussetzung für ein gesundes Selbstwertgefühl, denn nur auf diese Weise bestimmst du selbst deinen Wert, ohne dich von der Meinung anderer abhängig zu machen.

Du weißt nicht (mehr), wer du bist

Ein weiteres Anzeichen für mangelndes Selbstvertrauen ist, dass du die Verbindung zu dir selbst und zu deinem Herzen verloren hast. Das klingt jetzt vielleicht erst mal etwas seltsam. Allerdings sollte unser Herz bei rationalen Lebensentscheidungen eine wichtige Rolle einnehmen, denn in ihm schlummern unsere tiefsten Wünsche und Träume. In der heutigen Welt, in der wir ununterbrochen von äußeren Einflüssen und der Bewertung und Meinung von anderen beeinflusst werden, haben viele die Verbindung zu ihrem Herzen verloren. Das heißt, du kennst dich selbst gar nicht mehr richtig. Magst du wirklich diesen neuen Modetrend, oder ist er einfach gerade angesagt? Ist das wirklich dein Hobby, wofür du brennst, oder mögen einfach all deine Freunde diese Aktivität? Unser Herz entscheidet darüber, wofür wir im Leben stehen, was uns wichtig ist, welche Wünsche, Träume und Werte wir in uns tragen. Je mehr wir mit unserem Herzen verbunden sind und wissen, was unseren wahren Kern ausmacht, wer wir sind, was wir können, was wir mögen und was nicht, desto mehr werden wir darauf vertrauen, das Richtige zu tun. Wenn wir kaum noch eine Verbindung zu unserem Herzen haben, lässt sich auch kein authentisches Leben führen. Wie solltest du denn dein authentisches Ich leben, wenn du gar nicht richtig differenzieren kannst, wer dein authentisches Ich ist oder welche Dinge du nur machst, weil du von anderen beeinflusst wurdest?

Außerdem sind wir häufig zu sehr an unseren Verstand gefesselt und verlieren den Bezug zu unserer inneren Stimme, manche nennen es Bauchgefühl oder Intuition. So passiert es dann auch oft, dass dein Verstand dir vermeintliche Gründe vorgibt, warum du deine Träume nicht verwirklichen und leben kannst. Solche Grenzen und Einschränkungen kennt dein Herz nicht. Das Herz fühlt, träumt, wagt und lebt. Es weiß, dass in dir alles steckt, um deine Wünsche zu verwirklichen. Je mehr du aus deinem Kopf herauskommst und die Verbindung zu deinem Herzen wiederherstellen kannst, desto mehr wirst du wieder lernen, dass du auf dein eigenes Gefühl vertrauen kannst und die richtigen Entscheidungen triffst.

Biancas Beispiel

» *Nach meiner letzten Trennung, die für mich etwas unerwartet kam, hatte ich einen Moment in meinem Leben erreicht, wo ich wirklich erst einmal nicht mehr wusste, wo ich eigentlich hinwollte. Nach dem anfänglichen Verdrängen und Ablenken machte es bei mir schließlich irgendwann klick: Ich musste mir dir Zeit nehmen und mich mit mir, meinen Gefühlen und Wünschen für die Zukunft auseinandersetzen. Ich hatte mich für eine Weile davor gedrückt, merkte aber auch, dass ich wieder Ziele und Träume brauchte, die mir eine Perspektive boten und die ich selbst anstreben konnte. Für mich war Schreiben immer schon ein guter Weg, um mich zu sortieren. Daher nahm ich ein Notizbuch zur Hand und schrieb meine Gedanken nieder. In kleinen Schritten begann ich mir zu überlegen, was ich mir für verschiedene Lebensbereiche wünschte und worauf ich gerne hin-*

arbeiten wollte. Um mir meine Ziele noch besser vorzustellen, bastelte ich mir außerdem ein Visionboard mit Bildern und positiven Glaubenssätzen. Diese beiden Methoden halfen mir langsam, aber sicher wieder, den Weg zu mir selbst und zu dem, was ich mir für mein Leben wünschte, zu finden.

Du hast viele Ängste

Wie wir zu Beginn des Kapitels schon erwähnt haben: Das Gegenteil von Selbstvertrauen ist Angst. Wer nicht darauf vertraut, dass er jegliche Herausforderungen meistern kann, wird immer von Ängsten begleitet werden: Existenzangst, Zukunftsangst, Verlustangst – welche Ängste dominieren deinen Alltag? Wir machen uns Sorgen über Sachen, die noch gar nicht eingetreten sind. Wir haben Angst, zu versagen und zu scheitern. Oder Angst davor, was andere von uns denken könnten. Jede Angst, die du hast, kannst du dir wie einen Zaun um dich herum vorstellen, der dich gefangen hält und einschränkt. Wenn du diesen Zaun nicht überwindest, wirst du immer in deiner vermeintlich sicheren Komfortzone bleiben. Du wirst dich nicht weiterentwickeln und wachsen und somit auch niemals wahrhaftig glücklich sein.

Dabei ist es ein Trugschluss, dass dir innerhalb deiner Komfortzone nichts passieren kann. Denn wenn du nichts wagst, passiert dir das Schlimmste: Du verschwendest dein Leben, gibst deine Träume und Wünsche auf und wirst unglücklich. Viele Ängste beziehen sich mehr oder weniger darauf, was andere über uns denken könnten: Wie werden sie darüber urteilen, dass ich gekündigt oder verlassen wurde? Wie reagieren sie auf meine sexuelle Orientierung? Das Traurige dabei ist – ähnlich wie bei dem Thema Meinungen einholen, um Entscheidungen zu treffen: In diesen Momenten schenkst du anderen Menschen mehr Vertrauen als dir selbst. Du ordnest ihre Meinung und gegebenenfalls ihre Gefühle höher ein als dein eigenes Wohlergehen.

Hinzukommt, dass ein Großteil unserer Ängste sich sowieso nur in unserem Kopf abspielt und sich niemals bewahrheitet. Schaue in deine Vergangenheit: Wie oft hast du dir wegen etwas den Kopf zerbrochen und den Worst Case befürchtet, und wie oft ist er tatsächlich eingetreten? Und von den Fällen, in denen tatsächlich das Schlimmste passiert ist, wie viele von diesen Situationen hast du überlebt? Richtig, alle. Und selbst wenn zunächst etwas Unerwünschtes oder vielleicht sogar Unangenehmes passiert ist, sind wir uns sicher, dass du aus diesen Situationen etwas gelernt hast und an ihnen gewachsen bist.

Auch wenn es um deine Ziele und Träume geht und du dich dazu entschließt, dich von deiner Angst zurückhalten zu lassen, vertraust du dir nicht genug, dass du dein Ziel wirklich erreichen kannst. Dann gibst du dich deinen Ängsten hin und lebst unter deinem Potenzial.

Egal, welche Angst bei dir dominiert, mach dir bewusst, dass du in den Momenten der Angst nicht mehr auf dich selbst vertraust. Sobald du Angst spürst, ist dein Selbstvertrauen nicht mehr vorhanden.

Deine größte Freiheit kann es sein, wenn du deine Ängste loslässt und es schaffst, auf dein Können zu vertrauen. Wie gerade erwähnt, gab es in deinem Leben sicherlich schon Situationen, die nicht wie gewünscht verlaufen sind. Doch du hast alle davon überlebt und aus allen etwas gelernt. Jede dieser Situationen ist ein Beweis dafür, dass du auf dich selbst vertrauen kannst und dir zu helfen weißt.

Nun hast du bereits einige Anzeichen für mangelnde Selbstliebe und Selbstvertrauen kennengelernt. Da diese beiden Ressourcen die Säulen für unseren Selbstwert bilden, weisen manche Anzeichen zudem darauf hin, dass du an allen drei S und somit insgesamt an deinem Selbstwertgefühl arbeiten solltest. Im Folgenden stellen wir dir drei weitere Anzeichen vor, die unmittelbar mit deinem Selbstwert zusammenhängen.

Du möchtest es allen recht machen

Die ersten beiden Punkte, dass Menschen mit wenig Selbstvertrauen ungern Entscheidungen treffen und oft von Ängsten begleitet werden, beinhalten bereits, dass mangelndes Selbstvertrauen außerdem damit einhergeht, dass wir viel mehr auf das Urteil und die Meinung anderer vertrauen als auf uns selbst. Deshalb ist das sogenannte Phänomen des People Pleasings ebenfalls ein Indiz für zu wenig Selbstvertrauen, aber noch viel mehr für ein geringes Selbstwertgefühl. Ein People Pleaser möchte, wie es der Name schon verrät, es immer allen anderen recht machen. Aus diesem Grund trauen sich People Pleaser auch nicht, für ihre eigenen Meinungen und Ansichten einzustehen. Sie passen sich lieber anderen an, weil sie Ablehnung fürchten. Sie werden lieber ihrem authentischen Ich gegenüber untreu und verleugnen ihre eigenen Wünsche und Präferenzen, anstatt zu riskieren, dass sie anderen Menschen nicht gefallen könnten. Das bedeutet, dass du in solchen Momenten die Meinung anderer über deine eigene setzt. Für ein hohes Selbstwertgefühl musst du die Abhängigkeit von der Bestätigung anderer lösen. Erst wenn du lernst, dir selbst die Anerkennung zu geben, die du dir von anderen wünschst, wirst du dein authentisches Ich entfalten können, das dich wirklich glücklich macht. Dein wichtigster Anspruch sollte sein, dir selbst zu gefallen.

Perfektionismus und Vermeidung von Kritik

Wer seinen Fokus auf die Meinung anderer setzt, wird vermutlich sehr mit Kritik und Ablehnung hadern. Nehmen wir an, du bist einmal mutig und äußerst in einer Gruppe eine andere Meinung als die Mehrheit. Sobald du aber merkst, dass du damit auf Ablehnung und Kritik stößt, fühlst du dich so unwohl, dass du sofort wieder zurückruderst und der Mehrheit zustimmst.

Wenn du sehr nach der Bestätigung anderer strebst, wird das unterbewusst dein gesamtes Verhalten lenken. Du wirst Dinge machen und sagen, um anderen zu gefallen. Du wirst Perfektion anstreben, um möglichst wenig Angriffsfläche zu bieten. Du wirst Gelegenheiten suchen, um zusätzliche Bestätigung zu erhalten, wie zum Beispiel regelmäßig auf Social Media posten oder gleich mehrere Dating-Apps benutzen. Mache dir auch hier bewusst: Je mehr du nach der Bestätigung anderer suchst, desto mehr wird die Unsicherheit in dir wachsen und dein Selbstvertrauen sinken. Du machst dich damit abhängig von der Anerkennung und Meinung anderer. Wenn sie dir nicht geben, was du brauchst, wirst du dich und deine Entscheidungen immer mehr infrage stellen. Was die meisten dabei nicht realisieren: Du wirst damit zu einer Marionette der anderen. Sobald ihre Bestätigung ausbleibt, wirst du an dir selbst zweifeln. Sie entscheiden, wie du dein Leben lebst. Dabei solltest du dir jedoch klarmachen: Am Ende des Tages bist du der einzige Mensch, der mit den Konsequenzen deiner Entscheidungen leben und die negativen Gefühle, die durch ein nicht authentisch gelebtes Leben entstehen, ertragen muss.

Du nimmst alles persönlich

Mangelndes Selbstwertgefühl und damit einhergehend mangelnde Selbstliebe und Selbstvertrauen spiegeln sich auch in enormen Unsicherheiten wider. Wenn du die Blicke anderer Menschen oder ihre schlechte Laune direkt auf dich beziehst und dich fragst, was du falsch gemacht hast, zeigt dir das, wie wichtig dir die permanente Bestätigung anderer ist. Es verdeutlicht, wie sehr du deinen Fokus auf die Reaktion anderer setzt, anstatt bei dir zu bleiben. Wenn dich bereits ein Blick oder Satz einer anderen Person so sehr verunsichert, dass du dich selbst hinterfragst, ist das ein deutliches Zeichen eines niedrigen Selbstwertgefühls.

Ein weiteres typisches Beispiel aus der heutigen Welt ist das Thema Textnachrichten schreiben. Stell dir vor, jemand antwortet dir nicht. Wie schnell lässt du dich dadurch verunsichern? Wie schnell hinterfragst du deine Worte oder euer letztes Treffen? Ignoriert mich meine Freundin? Ist sie sauer auf mich? Ist sie jetzt lieber mit ihrer neuen Kollegin befreundet?

Hast du ein geringes Selbstwertgefühl, wirst du die Gründe für das Verhalten anderer primär bei dir selbst suchen und dich infrage stellen. Du wirst schneller an dir zweifeln und dich für nicht gut genug halten. Wenn jemand schlecht gelaunt ist, wirst du zuerst denken, du hättest etwas falsch gemacht. Wenn dir in einer Diskussion jemand widerspricht, wirst du zunächst deine Meinung hinterfragen. Deine innere Kritikerin ist ständig anwesend. Vielleicht hast du diese Stimme, die alles hinterfragt, in dir schon erkannt, oder die kritischen Gedanken in dir treten noch vollkommen unterbewusst auf. Psychologisch gesehen ist es allerdings so, dass das Verhalten anderer in den meisten Fällen nur etwas mit ihnen selbst zu tun hat. Jeder Mensch neigt dazu, sich selbst zu wichtig zu nehmen, indem wir die Taten anderer direkt auf uns beziehen und so interpretieren. Dabei vergessen wir, dass sie in ihrem Kopf genauso mit sich selbst beschäftigt sind wie wir. Du denkst vielleicht, deine Chefin ist schlecht gelaunt und behandelt dich unfreundlich, weil sie mit deinem letzten Projekt nicht zufrieden war. Sie hingegen ist in Gedanken bei ihrem letzten Date und fragt sich, was sie falsch gemacht hat, dass er sich plötzlich nicht mehr meldet.

REMINDER

Je mehr du an deinem Selbstvertrauen und Selbstwertgefühl arbeitest, desto weniger werden Ängste und Unsicherheiten dein Leben dominieren. Du wirst außerdem weniger Wert darauf legen, was andere über dich denken könnten, weil du ganz genau weißt, wer du bist und was du kannst, und du auch gerne dazu stehen wirst.

Annies Beispiel

» *In meiner ersten Karriere im Marketing war ich häufig eine der wenigen weiblichen und jungen Teammitglieder. Meine Kollegen vertraten daher im Vergleich zu mir eher konservative Ansichten und bevorzugten auch ein solches Erscheinungsbild. Lange Zeit verstellte und verkleidete ich mich deswegen, im wahrsten Sinne des Wortes. Ich versteckte meine Liebe für mädchenhafte und rosafarbene Mode. Ich überlegte sogar mal, mir eine Brille ohne Sehstärke zuzulegen, um seriöser auszusehen. Selbst mit Ende 20, in meiner ersten Rolle als Führungskraft, log ich noch, wenn es um meine Freizeitplanung ging. Ich wusste, dass wenig Verständnis für ein Wochenende voller Partys vorherrschte, da das nicht zum klassischen Bild einer guten Vorgesetzten passte.*

Doch je älter ich wurde, desto mehr spürte ich, wie unglücklich mich dieses gespielte, nicht authentische Leben machte. Ich begriff, dass ich die Leidtragende war und dass weder mein Aussehen noch mein Charakter Bewertungsgrundlage für meine beruflichen Leistungen sein sollten. Der Tag, an dem ich begann, mich für mich selbst zu entscheiden, fühlte sich wie ein Befreiungsschlag an. Es geht mich nichts an, was andere über mich denken. Genauso wenig geht es sie etwas an, wie ich mein Leben lebe.

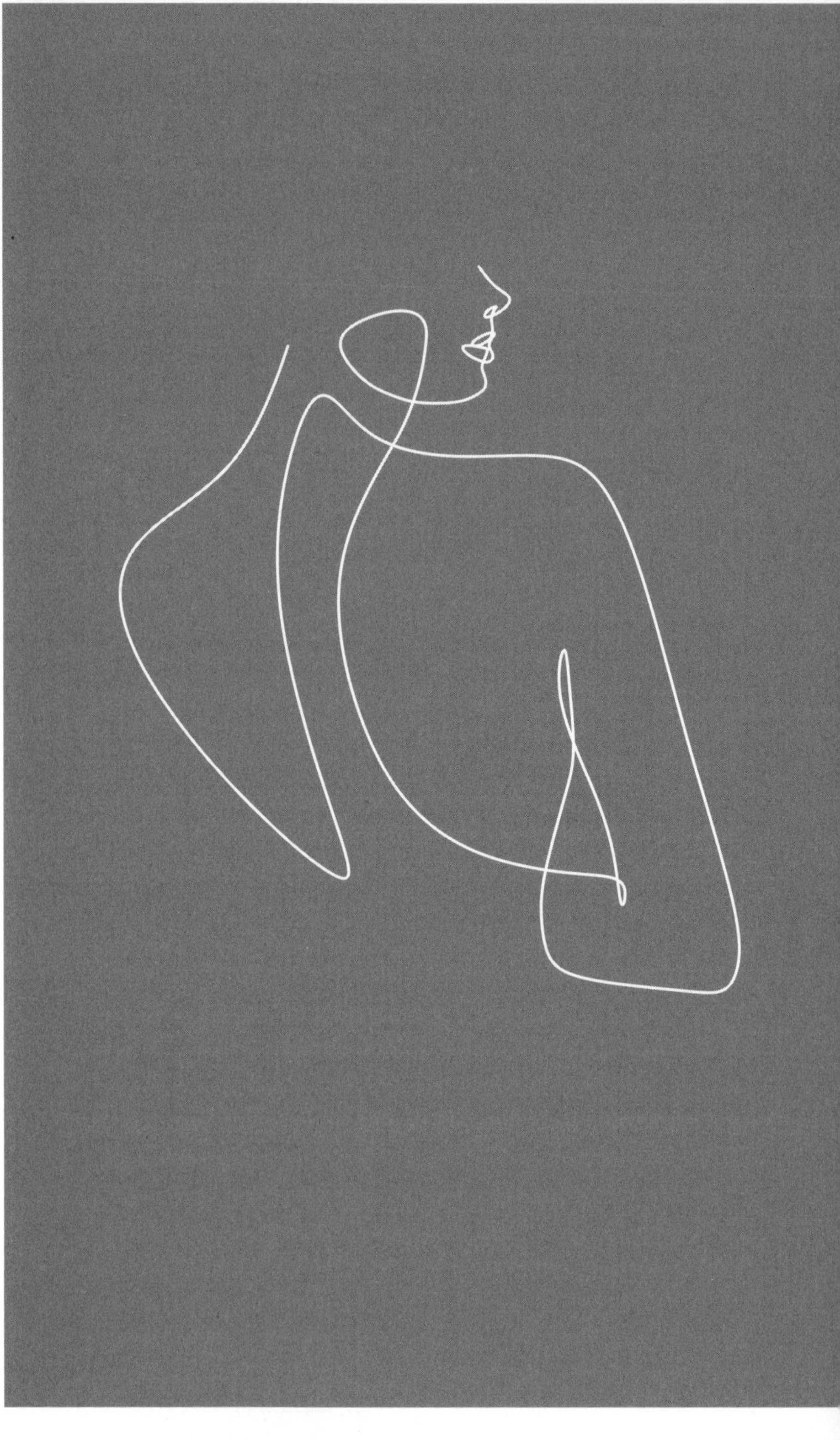

PART V

Umfeld

Wir haben das Thema Umfeld in vorherigen Kapiteln schon öfter angeschnitten. Auf dem Weg zu einem gesunden Selbstwertgefühl gehört es auch, als Zeichen der Wertschätzung deiner eigenen Zeit, dich nur mit dich bereichernden Menschen zu umgeben. Für dich bereichernd bedeutet, dass sie dein Selbstwertgefühl zusätzlich stärken und dir mehr Energie schenken als rauben. Gibt es Menschen in deinem Umfeld, bei denen sich Treffen wie eine Pflichtaufgabe auf deiner To-do-Liste anfühlen?

Wenn du dir nicht sicher bist, überlege mal, aus welchen Treffen du Energie schöpfst. Taucht nach einer Verabredung der Gedanke auf, »In der Zeit hätte ich etwas Besseres erledigen können«, oder schweifst du vielleicht schon während eurer Unterhaltung ab, scheint diese Person keine Energiequelle für dich zu sein. Genauso wenig, wenn du dich immer wieder zu Treffen mit einer Person zwingen musst und dir vorher schon Ausreden überlegst, statt dich darauf zu freuen.

Übung

Um herauszufinden, welche Menschen zu den sogenannten Energievampiren in deinem Umfeld gehören, gibt es eine ganz leichte Übung Schreibe eine Liste mit den Namen auf, die zu deinem Freundes-, Bekannten- und Familienkreis gehören. Bewerte nun jede Person mit den Faktoren + oder ++, wenn sie dir Energie geben, oder – und – –, wenn sie dir eher Energie rauben.

Du solltest dir außerdem einmal ganz ehrlich folgende Fragen beantworten:

* Wie viele Menschen in deinem Umfeld fallen dir ein, die sofort für dich da wären, wenn sich etwas (Positives oder Negatives) in deinem Leben ereignet?
* Wie oft hat dich das Verhalten einer deiner Freunde und Freundinnen verletzt oder enttäuscht, aber du hast dich nicht getraut, etwas zu sagen, und die Situation einfach hingenommen?
* Du kannst dich außerdem fragen, ob du mit den Menschen, die sich in deinem Leben befinden, neue Erlebnisse schaffst, oder ob du nur an alten Erinnerungen festhältst? Wenn Beziehungen dir dauerhaft nicht guttun, ist es immer ratsam, sie zu hinterfragen und gegebenenfalls loszulassen.

Wer seinen Selbstwert kennt, weiß, dass es dazugehört, Grenzen zu setzen und »Nein« zu sagen, wenn du aus einer Situation nichts für dich schöpfst. Außerdem ist jedes »Nein« zu anderen oft ein »Ja« zu deinen eigenen Bedürfnissen. Denn die Menschen, mit denen du dich umgibst, haben einen direkten Einfluss darauf, wie du dich fühlst. Dein Umfeld sollte daher sorgsam ausgewählt sein. Natürlich kannst du dir nicht aussuchen, mit wem du beispielsweise zusammenarbeitest. Aber auch da kannst du Grenzen setzen und auf deine Gedanken achten, damit du niemandem die Macht gibst, dir unnötig viel Energie zu rauben.

REMINDER

Jedes »Nein« zu anderen ist ein »Ja« zu dir und deinen eigenen Bedürfnissen.

Wir leben nach der Faustregel, dass die fünf Menschen, mit denen du am meisten Zeit verbringst, deine Gewohnheiten und deinen Erfolg wesentlich beeinflussen. Das erkennst du beispielsweise daran, dass du dir meist automatisch Eigenschaften von Leuten aneignest, mit denen du viel Zeit verbringst. Am ehesten wird dir diese Tatsache bei deinem Sprachgebrauch auffallen: Häufig adaptieren wir Worte, die unser Umfeld immer wieder verwendet.

Vielleicht hast du dich schon einmal dabei erwischt, dass du nach ein paar Wochen mit einer Freundin plötzlich auch immer dieselbe Begrüßungsfloskel oder denselben Ausruf wie sie verwendest, wenn dir etwas besonders gut gefällt. Genauso schnell nimmst du Denkweisen und andere Gewohnheiten deines Umfelds an. Deswegen solltest du immer im Blick behalten, mit wem du deine wertvolle Zeit verbringst.

Annies Beispiel

» *Aus meinem Umfeld kann ich die unterschiedlichsten Beispiele nennen, die mich beeinflusst haben. Rückblickend ist mir aufgefallen, dass ich vor allem meine Ernährungs- und Fitness-Gewohnheiten unterbewusst zu einem Großteil meinem Gegenüber angepasst habe. Verbrachte ich beispielsweise viel Zeit mit schlanken Kumpels, die alles essen konnten, ohne jemals zuzunehmen, ernährte ich mich genauso wie sie, wobei ich bei einer kleineren Körpergröße und einem anderen Stoffwechsel natürlich eine andere Ernährung gebraucht hätte. Ich habe diesen Effekt allerdings auch schon positiv wahrgenommen – ebenfalls in Bezug auf meine Essens- und Fitness-Gewohnheiten, die ich am Anfang meiner Lebensveränderung verbesserte. Damals tauschte ich mich intensiv mit einem sportbegeisterten Freund aus, der gerade eine Fitnesstrainer-Ausbildung absolvierte und mir somit nicht nur wertvolle Tipps gab, sondern mich durch seine gesunden Gewohnheiten zusätzlich inspirierte und zu mehr Disziplin motivierte.*

Ein weiterer Punkt waren meine Stimmung und Gesprächsthemen, die durch mein neues Umfeld positiv beeinflusst wurden: Vor meiner Veränderung war ich von vielen Menschen umgeben, die das Drama in meinem Leben unterhaltsam fanden und auch sonst gerne lieber über das Leben anderer Menschen redeten oder darüber, was gerade nicht so gut lief. Es gab insgesamt einen starken Negativitätsfokus statt lösungsorientiert nach vorne zu schauen. Heute umgeben mich Leute, mit denen ich eher über persönliches Wachstum oder bereichernde Ideen und Ziele für eine bessere Zukunft rede. Und wenn in unserem Leben gerade etwas nicht so gut läuft, finden wir selbst in dem größten Misthaufen ein Fünkchen Glitzer, aus dem wir etwas lernen können.

Biancas Beispiel

» Ich habe in meiner Zeit in Berlin eine Bekannte gehabt, die ich regelmäßig getroffen habe. Eine Zeit lang habe ich sie sogar als Freundin eingeordnet, bis sie sich mir gegenüber in einer Situation anders verhalten hat, als eine Freundin es getan hätte: Ich ertappte sie dabei, dass sie mich bei einer vermeintlichen Kleinigkeit anlog. Doch diese Situation hinterließ bei mir nachträglich noch ein ungutes Gefühl. Anstatt aber mit ihr das offene Gespräch zu suchen, habe ich mich weiterhin mit ihr getroffen und so getan, als wäre alles für mich in Ordnung. Nach jedem Treffen hatte ich das Gefühl, als wäre es Zeitverschwendung, da ich mir tatsächlich manchmal dachte, dass ich besser zum Sport gegangen wäre oder meinen Haushalt erledigt hätte. Ich habe mich häufig bei Annie aufgeregt und mich auch bei anderen Freunden über sie ausgelassen. Irgendwann habe ich er-

kannt, dass das dauernde Gemecker mich nicht weiterbringt. Daher habe ich den Entschluss gefasst, ihr zu sagen, dass ich finde, dass sich unsere Freundschaft verändert hat und sich das für mich nicht mehr gut anfühlt. Natürlich hat sie das nicht besonders gut aufgenommen, sondern war gekränkt. Aber ich habe mich danach sehr gut gefühlt. Denn ab diesem Zeitpunkt musste ich keine Ausreden mehr finden, wieso ich keine Zeit für ein Treffen habe, und ich musste mich nicht mehr mit ihr verabreden, obwohl ich keine Lust darauf hatte. Seitdem achte ich stark darauf, welche Menschen eine Bereicherung für mich sind und bei wem sich tiefe Freundschaften entwickeln – oder wer nur seinen Vorteil bei mir sucht.

ENERGIERÄUBER IM UMFELD

Das Stichwort Energievampire fiel bereits. Darauf möchten wir noch einmal genauer eingehen. Wir haben es mit Sicherheit alle schon einmal erlebt, dass Menschen in unserer Nähe unsere Zeit und Energie wie selbstverständlich ausgenutzt haben. Manchmal ist es aber noch nicht einmal so offensichtlich. Energieräuber machen sich beispielsweise in Form von Menschen bemerkbar, die gerne jammern und sich über alles und jeden aufregen. Für sie sind meistens die anderen schuld, immer bereitet ihnen irgendetwas Unmut. Oder es gibt jene Leute, die sich pausenlos über irgendwelche gesundheitlichen Beschwerden auslassen. Ständig sind sie krank oder entdecken neue Leiden. Dennoch würden sie nichts nachhaltig in ihrem Leben verändern, wenn wir sie darauf hinweisen. Stattdessen fordern sie auf Dauer immer mehr Zeit und Unterstützung von dir. Da im Normalfall irgendeine Form der Beziehung zwischen euch besteht, hilfst du natürlich, so gut es geht. Diese Hilfe wird in der

Regel gerne angenommen. Aber: Es ist für Energieräuber selbstverständlich, dass wir sie unterstützen. Im Gegenzug bekommen wir jedoch nichts zurück. Die Freundschaft ist eher unausgeglichen. Mit der Zeit fällt uns dieses Verhalten negativ auf. Es kann eine ganze Weile dauern, bis wir das Gefühl haben, dass eine solche zwischenmenschliche Beziehung uns Energie raubt. Meistens sind es Kleinigkeiten, wie ein ungutes Gefühl nach einem Treffen, oder es fällt uns auf, dass wir keine Unterstützung bekommen, wenn wir sie einmal selbst brauchen. Wenn du deinen eigenen Wert kennst, weißt du, dass auch diese kleinen Zeichen schon Grund genug für dich sind, um Grenzen zu setzen. Du wirst dieses Verhalten nicht länger akzeptieren, denn deine Energie steht an erster Stelle. Wenn Menschen in deiner Nähe sie dir rauben, weißt du als High Value Frau, dass du reagieren solltest. Nur weil du ein hilfsbereiter Mensch bist, heißt das nicht, dass du deine Prioritäten und dein Wohlergehen völlig aus den Augen verlieren solltest. Wir geben dir ein paar Tipps an die Hand, wie du mit diesen Personen umgehen kannst.

TIPP 1 Nimm dein Umfeld genau unter die Lupe

Im ersten Schritt – und das haben wir dir bereits nahegelegt – darfst du dir anschauen, welche Personen dir wirklich guttun. Wir hinterfragen unser soziales Umfeld oft nicht, weil uns die Menschen darin schon eine Weile begleiten. Auf diese Weise kann es passieren, dass sich Energieräuber, die in ihrer Art sehr fordernd sind, in unserer unmittelbaren Nähe befinden. Wenn du das Gefühl hast, dass es Menschen gibt, die dir Energie rauben oder häufiger ungute statt positive Gefühle in dir auslösen, solltest du mit den anderen Tipps fortfahren. Denn normalerweise solltest du dich nach einem Treffen mit Freunden gut oder sogar besser fühlen.

TIPP 2 Grenzen setzen

Wir haben schon ein paarmal betont, wie wertvoll deine Ressourcen sind. Als High Value Frau kennst du deinen Wert und setzt daher Grenzen, wenn dich jemand nicht wertschätzend behandelt. Das bedeutet auch, hin und wieder »Nein« zu sagen. Du wirst merken, wie viel Zeit und Energie dir plötzlich zur Verfügung stehen, wenn du nicht mehr sofort springst, wenn andere dich für ihre Zwecke einspannen wollen. Selbstverständlich gilt es hier immer zu differenzieren, ob es sich um ausgewogene Freundschaften handelt oder nicht. Wichtig ist nur, dass du dir bewusst machst, dass es nicht egoistisch ist, deine eigenen Bedürfnisse zu priorisieren. Nur so kannst du deine Energie regelmäßig wieder auffüllen.

TIPP 3 Kommuniziere deine Gefühle

Genauso wie du dein Umfeld bisher nicht hinterfragt hast, hinterfragen vielleicht einige Menschen ihr eigenes Verhalten nicht. Es kann manchmal schon helfen, einer anderen Person zu erklären, wie du dich fühlst, wenn du den Eindruck hast, dass du diejenige bist, die ständig etwas von sich aus gibt und nichts zurückbekommt. Erkläre, ohne verletzend und vorwurfsvoll zu sein, wie ihr Verhalten bei dir ankommt. Dabei ist es sinnvoll, Ich-Botschaften zu verwenden. Ein offenes und ehrliches Gespräch kann manchmal schon helfen und Missverständnisse aus dem Weg schaffen. Du solltest jedem zumindest die Chance geben, das eigene Verhalten zu reflektieren und zu verbessern.

TIPP 4 Formuliere deine Wünsche

In dem Gespräch kannst du außerdem kommunizieren, was du dir für die Zukunft wünschen würdest. Wir vergessen oft, dass offene Kommunikation vieles in unserem Leben erleichtern kann. Bleibe in diesem Gespräch ebenfalls bei Ich-Botschaften und gehe von deiner Perspektive aus. Mache dir bewusst, dass du die Reaktion deines Gegenübers nicht beeinflussen kannst. Du kannst nur versuchen, so ehrlich und offen wie möglich zu sein, um an eurer Freundschaft zu arbeiten.

Wir wollen zwar nicht vom Schlimmsten ausgehen, aber dir sollte klar sein, dass ehrliche Worte nicht immer gut bei anderen Menschen ankommen. Immerhin äußerst du in diesem Moment Kritik an der anderen Person. Nicht jede und jeder kann sich gut in andere hineinversetzen und sein eigenes Verhalten kritisch reflektieren. Daher kann es sein, dass dein Gegenüber deine Punkte nicht nachvollziehen kann. Sollte es so weit kommen, ergibt es vielleicht Sinn, die zwischenmenschliche Beziehung grundlegend zu hinterfragen. Du darfst dich fragen, ob es dir das auf Dauer wert ist, deinen Energiehaushalt aussaugen zu lassen. Normalerweise sollten Kompromisse und Einigung in einer Freundschaft möglich sein. Es sollte auch Verständnis für das Empfinden der anderen Seite da sein. Daher wäre es sehr ungewöhnlich, wenn dein Gegenüber weiterhin am eigenen Verhalten festhält, ohne deine Bedürfnisse zu respektieren. Das wäre der Moment, in dem du dich fragen müsstest, ob es Sinn macht, weiterhin an einer solchen Freundschaft festzuhalten. Manchmal gehen Freundschaften auseinander, weil man sich nicht mehr in derselben Lebensphase befindet.

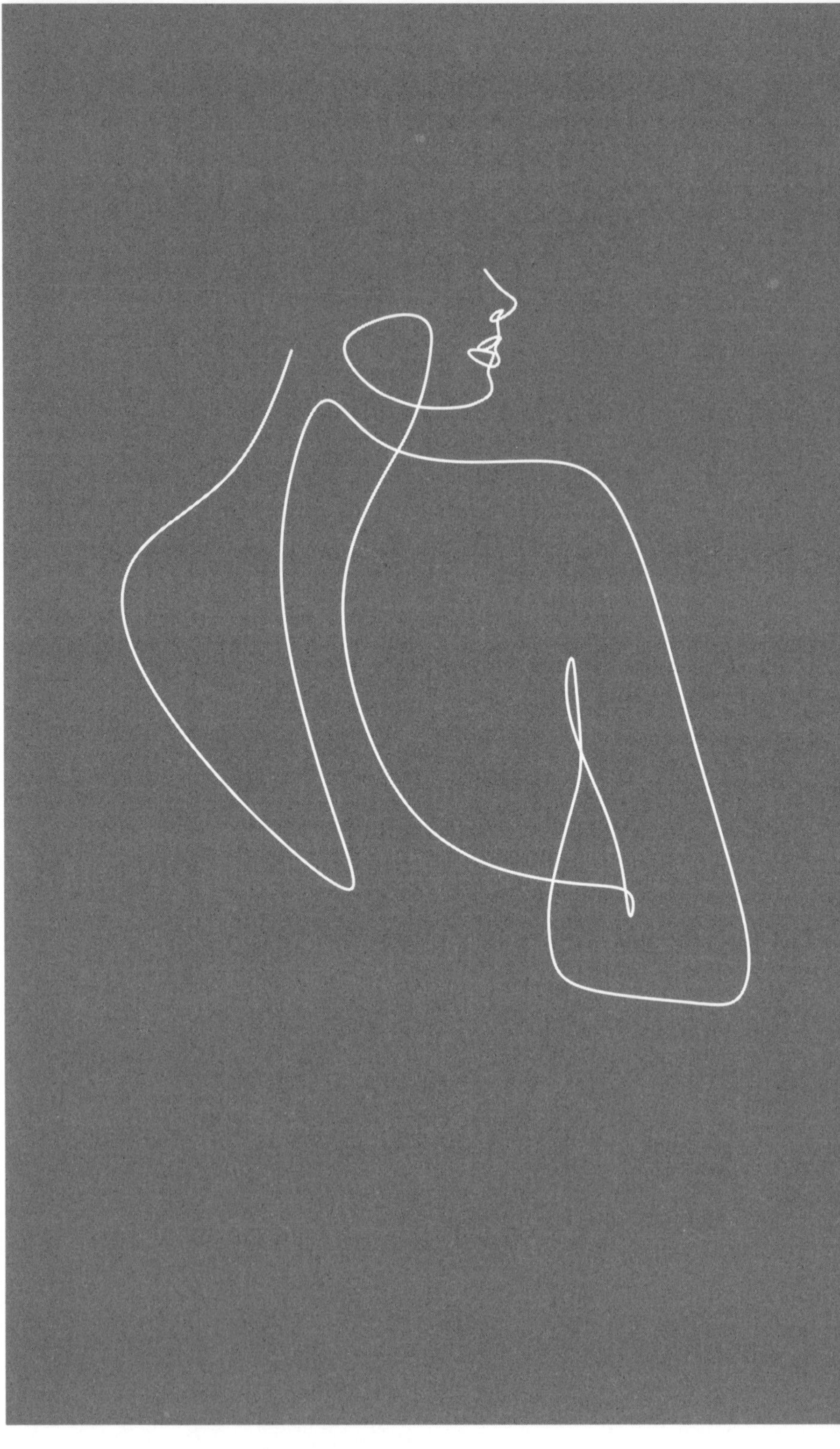

PART VI

Job

Neben deinem Umfeld hat auch deine Arbeit einen beträchtlichen Einfluss auf dein Wohlbefinden. Wir verbringen einen großen Teil unseres Lebens mit unserer erlernten Tätigkeit. Mit etwas Glück haben wir einen Job, der uns Spaß macht und erfüllt. Aber viel zu häufig zieht uns die Arbeit im Alltag ziemlich herunter. Ein ganz klares Anzeichen dafür, dass dein Beruf keine Bereicherung für dich ist, ist, wenn dir morgens das Aufstehen schwerfällt. Allein der Gedanke an den Arbeitstag vermiest dir schon die Laune. Dir fehlt die Motivation, dich in deine Arbeit zu hängen.

Vielleicht bist du aber auch nur mit deinem Gehalt nicht zufrieden, oder dir fehlt die notwendige Wertschätzung von deinem oder deiner Vorgesetzten. Oftmals verharren wir in einem Job oder Arbeitsumfeld, das uns überhaupt nicht guttut, nur weil wir die finanzielle Sicherheit nicht verlieren wollen. In uns dominiert der Gedanke, dass wir nicht einfach kündigen können, weil wir das Geld brauchen. Aber kannst du dir guten Gewissens vorstellen, dass du diesen Beruf, dem du gerade nachgehst, bis zur Rente durchziehen möchtest? Wenn du bereits jetzt jeden Abend ausgelaugt bist und schon beim Gedanken an den nächsten Arbeitstag ein ungutes Gefühl verspürst, brauchen wir gar nicht so weit zu denken:

- Wie wird dein Leben weitergehen, wenn du das noch ein weiteres Jahr so mitmachst?
- Wie wird sich deine Stimmung auf andere Lebensbereiche auswirken?

Übung

Lass uns eine kleine Übung machen: Stell dir mal ernsthaft die Frage, wann du das letzte Mal Spaß an deiner Arbeit hattest. Fällt dir hierzu keine Antwort ein? Liegt die Antwort weit in der Vergangenheit? Oder waren es damals Umstände, die so nicht mehr auftreten werden, wie beispielsweise, als deine Lieblingskollegin noch da war?

Jetzt sollten bei dir die Alarmglocken klingeln. Das ist definitiv kein gutes Zeichen. Auch wir waren schon an dem Punkt, wo uns der Job richtig unglücklich gemacht hat. Hätten wir damals nicht die Reißleine gezogen, hätten wir jetzt vermutlich einen Burn-out. Wenn wir die Bedürfnisse unserer Seele lange genug ignorieren, findet unser Körper Wege, uns zur Ruhe zu zwingen, damit wir genauer hinschauen. So weit dürfen wir es nie kommen lassen – denn genauso wie bei körperlichen Schmerzen gilt für die Schmerzen der Seele, dass, je länger wir sie unbeachtet und unbehandelt lassen, desto größer und lang anhaltender wird der Schaden.

Wir sagen uns immer, dass du nicht alles in deinem Leben kontrollieren kannst. Es gibt sicherlich Lebensumstände, in denen ein Job- oder Karrierewechsel nicht unmittelbar möglich ist. Allerdings erinnern wir dich an das Prinzip der Selbstverantwortung und dass du dich immer fragen solltest, was du selbst jetzt bereits ändern kannst, damit du wieder Freude am Arbeiten hast.

Es muss nicht immer ein ganz großer Schritt sein, oft helfen schon kleine tägliche Schritte, die dich motivieren, durchzuhalten, da sie langfristig Großes verändern. Denn auch hier gilt wieder: Du bist die Schöpferin deiner Realität. Nur du allein kannst etwas an deiner Situation ändern. Wir können nicht immer beeinflussen, was uns widerfährt, aber wir können immer entscheiden, wie wir damit umgehen.

Biancas Beispiel

» Ich habe in meiner Zeit in Berlin viele Jobs gehabt. In einem davon ging es mir so, dass ich morgens schon dachte, »Ich habe keine Lust, zur Arbeit zu gehen«. Der Grund war meine Chefin. Zu Beginn war sie immer sehr nett zu mir. Doch irgendwann ließ sie ihre Laune an mir aus und stellte utopische Arbeitsanforderungen. Ich achtete darauf, ob sie mit anderen Kolleginnen und Kollegen genauso umging. Doch das war nicht der Fall. Mir wurde bald bewusst, dass es sich um Mobbing handelte, als ich mit Freunden darüber sprach. Tatsächlich hatte ich mich schon kurz nach dem Jobantritt dazu entschlossen, schnellstmöglich wieder die Branche zu wechseln. Ich war vom Journalismus im Marketing gelandet und wollte unbedingt wieder zurück in mein altes Metier.

Als es für mich kaum auszuhalten war und ich zudem schon eine neue Stelle in Aussicht hatte, ging ich zu meiner Hausärztin. Ich schilderte ihr die Situation auf der Arbeit und ging transparent damit um, dass in wenigen Wochen auch ein Jobwechsel für mich bevorstand. Für sie war klar, dass sie mich mit einer Krankschreibung unterstützen würde, da sich die Situation offensichtlich auf meine Gesundheit auswirkte. Meine Gesundheit war mir einfach wichtiger, als mich jeden Tag zur Arbeit zu quälen. Denn die Arbeit fühlte sich für mich buchstäblich wie eine Qual an.

Damals hatte ich rational noch daran festgehalten, erst zu kündigen, wenn ein nahtloser Übergang zum neuen Job möglich war. Doch nach einigen Wochen der Krankschreibung entschloss ich mich, diese Stelle früher loszulassen, und reichte meine Kündigung schon früher ein. Die Zeit mit Arbeitslosigkeit zu überbrücken war mir lieber, als weiterhin dieses Thema mit mir herumzutragen.

Annies Beispiel

» Ich war bereits in vielen Jobs sehr unglücklich, und sie fühlten sich für mich dann immer wie ein Gefängnis an. Wenn ich Mittagspause hatte oder kurz etwas zur Post bringen musste, genoss ich jede Minute in »Freiheit«. Musste ich dann wieder zurück ins Büro, beneidete ich all die Menschen, die draußen bleiben konnten. Die Ursachen waren bei mir sehr unterschiedlich: anstrengende Kollegen, schreckliche Vorgesetzte, wesentlich zu viel oder zu wenig Aufgaben.

Natürlich trug ich immer einen eigenen Anteil an der Situation: Ich setzte zu wenig Grenzen und ließ mir alles gefallen. Ich blieb in den Jobs, auch wenn keine Besserung in Sicht war, und statt nach langfristigen Lösungen zu suchen, akzeptierte ich meine Situation als mein Schicksal, dem ich nicht entkommen konnte. Das bedeutet nicht, dass ich rein gar nichts unternahm. Aber in den meisten Fällen suchte ich erst viel zu spät und dann mit der »Hauptsache weg von hier«-Einstellung nach dem nächstbesten Job. Leider aber ohne endlich meinen Selbstwert zu realisieren und gesunde Ansprüche zu stellen. So gab ich mich immer wieder mit weniger zufrieden, als ich hätte erwarten können. Ich unterschätzte damals mein Potenzial und meine Möglichkeiten. Sich selbstständig zu machen war in meinen Augen lange Zeit ein Privileg, das nur gut betuchten Menschen vorbehalten war. Zum Glück erkannte ich mithilfe der inneren Arbeit, dass dies nur ein negativer Glaubenssatz war, mit dem ich mich selbst zurückhielt. Denn auch im Job gilt: Du bist die einzige Person, die dich dauerhaft aufhalten kann.

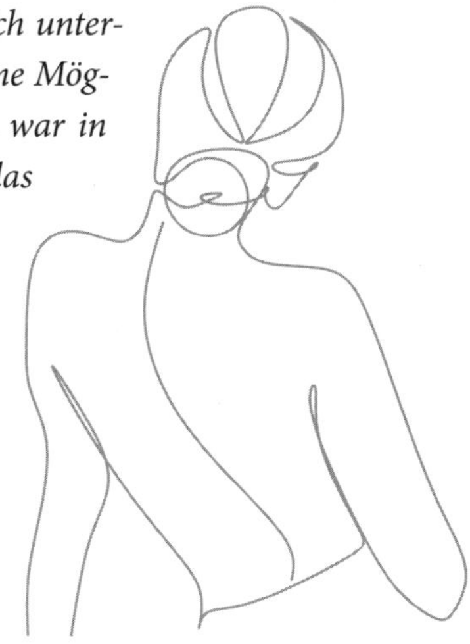

Deinen eigenen Wert zu kennen und zu achten bedeutet, dass du es dir wert bist, dich mit den Dingen zu beschäftigen, die dich näher an deinen Traumjob bringen. Auch wenn der Weg dorthin etwas dauern kann. Du gibst dich dann nicht mehr mit weniger zufrieden. Bedenke immer, dass du den größten Teil deiner Zeit in der Woche in deinem Job verbringst. Willst du dich wirklich ständig über die Arbeit, den Chef, das Kollegium ärgern und unglücklich sein? Wohl eher nicht, oder? Daher solltest du Zeit und Energie investieren, um deine berufliche Erfüllung zu finden. Dafür benötigt es natürlich Disziplin. Aber Schritt für Schritt wirst du es schaffen, einen Beruf zu finden, in dem du glücklich bist.

Übung

Jetzt fragst du dich vielleicht, wie du das anstellen kannst. Gehe einmal von der Idealsituation an deinem Wunscharbeitsplatz aus. Mache dir eine Liste mit Anforderungen, die du dir im Arbeitsalltag wünschst. Das können beispielsweise flexible Arbeitszeiten sein, mehr kreative Entfaltung oder vielleicht sogar eine höhere Position. Nachdem du diese Liste erstellt hast, gleiche sie mit deinem aktuellen Job ab. Welche Dinge bringt dein aktueller Job bereits mit? Welche Punkte fehlen dir noch?

Die wichtigsten Fragen, die du dir beantworten solltest, sind:

- Was fehlt dir zwischen dem Jetzt und dem Wunschzustand?
- Woran kannst du arbeiten, um diese Lücke zu schließen?
- Welche Schritte musst du gehen, um diesen Zustand zu erreichen?

Vielleicht musst du nur dein Gehalt nachverhandeln, weil dir sonst alles zusagt. Vielleicht ist die Liste der Dinge, die dir an deiner aktuellen Arbeit nicht gefallen, aber so lang, dass du tatsächlich über einen Jobwechsel nachdenken solltest.

Egal, auf welches Ergebnis du kommst, du solltest dir klarmachen, dass nichts unmöglich ist, wenn es um dein Berufsleben geht. Dream big und verfolge diese Träume. Jede und jeder andere, der deinen Traum bereits lebt, ist schließlich auch nur ein Mensch. Wenn du konsequent an deinem Ziel arbeitest, öffnet sich früher oder später immer die richtige Tür. Du hast jeden Tag die Wahl, aus dieser Negativspirale auszubrechen. Denn die Unzufriedenheit im Job wird nicht plötzlich besser werden, im Gegenteil, sie wird sich immer mehr verschlimmern, wenn du nicht ins Handeln kommst.

Und du zahlst den Preis dafür: Du wirst dich jeden Tag noch antriebsloser und gestresster fühlen, deine schlechte Laune und Demotivation werden immer mehr auf andere Lebensbereiche abfärben. Daher entscheide dich dafür, lieber den Preis der Disziplin statt den Preis der Reue zu zahlen, aktualisiere deine Bewerbungsunterlagen, führe das notwendige Gespräch mit deinem Chef und komme deinem Traumjob jeden Tag ein Stückchen näher.

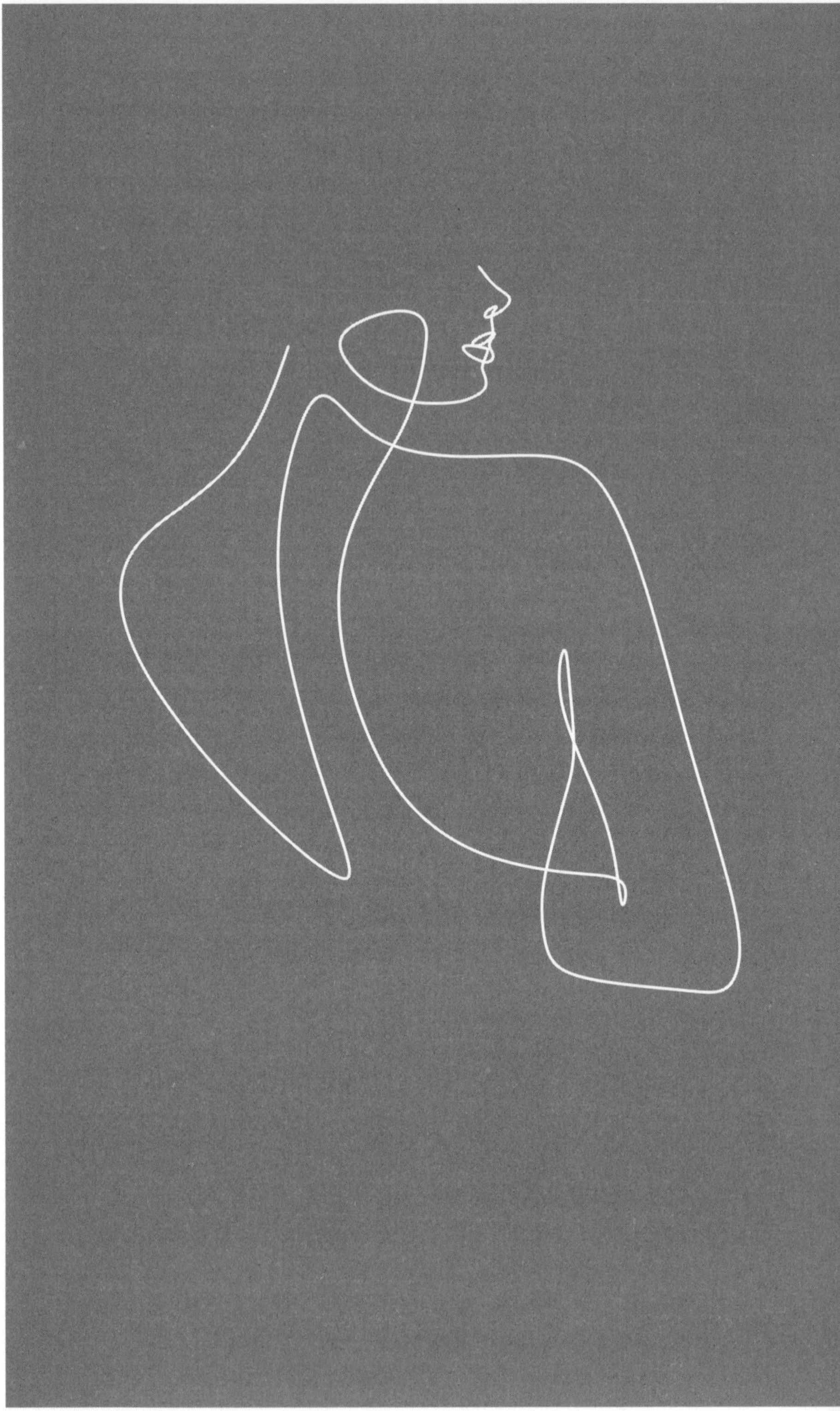

PART VII

Liebe

Auf die Suche nach unserem Traumjob und den Weg dorthin können wir direkt Einfluss nehmen. Aber wie sieht das in Sachen Liebe aus? Natürlich kannst du nicht mit einem Zaubertrank die Gefühle deines Schwarms beeinflussen oder dir deinen Traumprinzen oder deine Traumprinzessin herbeiwünschen. Aber auch wenn es um Liebe geht, besitzt du mehr Macht, als du denkst. In diesem Lebensbereich musst du nicht untätig herumsitzen und darauf hoffen, dass das Schicksal dir irgendwann einen Gefallen tut und du endlich Glück in der Liebe hast.

Wenn dich folgende Fragen plagen …:

* Wieso gerate ich immer an die falschen Männer oder Frauen?
* Warum bekomme ich immer weniger zurück, als ich gebe?
* Wieso interessieren sich immer nur diejenigen für mich, mit denen ich mir nicht mehr vorstellen kann?
* Wieso kreisen meine Gedanken ständig um meinen (Dating-)Partner oder meine (Dating-)Partnerin?
* Warum wiederholen sich die Situationen in meinem Liebesleben?
* Warum kann ich die falschen Personen einfach nicht loslassen?
* Wieso möchten sich Männer oder Frauen nie fest auf eine Beziehung mit mir einlassen?
* Warum beschäftigt mich Ablehnung nach meinen Dates oder in meiner Beziehung so lange?
* Wieso habe ich immer Angst, meine Partnerin oder meinen Partner zu verlieren?

… dann geht das schon über die normalen Unsicherheiten in Liebesangelegenheiten hinaus. Denn diese Themen sind ein Resultat von Denk- und Verhaltensmustern, die sich fest in dir verankert haben. In solchen Fällen kann dir dein Gegenüber meist gar nicht genügend Sicherheit und Bestätigung geben, denn die Unsicherheiten liegen in deinem Unterbewusstsein begraben.

Vielleicht kommt dir so etwas bekannt vor: Du lernst jemanden kennen. Am Anfang bist du noch völlig entspannt. Ihr geht auf ein paar Dates. Du magst dein Gegenüber, fühlst dich wohl, bist unbeschwert. Du lebst deinen Alltag, gehst wie gewohnt zum Sport oder nach Feierabend noch mit Kolleginnen und Kollegen was trinken. Gleichzeitig freust du dich auf das nächste Treffen.

Doch schleichend verändert sich dein Fokus. Dein eigenes Leben rückt in den Hintergrund, und du richtest deinen Alltag auf den anderen aus. Du beginnst dir Gedanken und Sorgen zu machen, wenn nicht sofort das nächste Treffen angestoßen wird. In deinem Kopf schreibt er schon mit vielen anderen Frauen, oder er zeigt dir zu wenig Interesse. Dir fällt es zunehmend schwerer, deine Gedanken bei dir und deinem Alltag zu lassen – das lästige Gedankenkarussell dreht sich ununterbrochen, und du fühlst dich immer schlechter.

Bis zu einem gewissen Grad sind Unsicherheiten während der Datingphase und in Beziehungen völlig normal. Doch es gibt Anzeichen, die dir zeigen, dass du dir selbst wieder mehr Liebe entgegenbringen darfst und vor allem auch an einem gesunden Selbstwertgefühl arbeiten solltest, damit du nicht permanent auf die Bestätigung deines Gegenübers angewiesen bist.

- Überlegst du beim Schreiben häufig, ob du die Antwort geben sollst, die dir spontan in den Sinn kommt, oder ob du lieber das antworten solltest, was bei deinem Gegenüber gut ankommen könnte?

- Du hast eine Nachricht rausgeschickt, und es kommt nicht sofort eine Reaktion – steigen bei dir schon nach kurzer Zeit Ängste auf, und du gerätst ins Grübeln?
- Stellst du vielleicht direkt alles infrage, was ihr bisher erlebt habt, und vergisst all die positiven Ereignisse?
- Suchst du die Gründe für das veränderte Verhalten nur bei dir selbst?

Das Grübeln und das Analysieren der gesamten Dating- und Beziehungssituation nimmt überhand. Du kannst diese anfängliche Kennenlernphase oder euer Liebesglück gar nicht richtig genießen. Erfährst du Ablehnung oder nimmst ein verändertes Verhalten wahr, denkst du, es liegt an dir, und dass du etwas falsch gemacht hast. Die Gedanken an eure letzten Treffen und Interaktionen lassen dich nicht los. Du spielst diese Situationen in deinem Kopf immer wieder durch.

Wenn du, während du diese Absätze gelesen hast, ein ungutes Gefühl bekommen hast, weil du dich wiedererkennst, dann ist das schon einmal ein Indiz dafür, dass dir die innere Arbeit helfen wird. Denn dieses beklemmende Gefühl, das durch deine Gedanken ausgelöst wird, sollte es in einer neu beginnenden Datingphase oder in einer gesunden Beziehung gar nicht geben. Wenn es das doch gibt, zeigt es dir, dass du dir selbst noch mehr Liebe schenken darfst, bevor du eine gesunde und bereichernde Beziehung führen und genießen kannst.

Wenn wir unseren eigenen Wert nicht kennen und uns selbst noch nicht genug lieben, um unsere Bedürfnisse zu priorisieren, sind wir mit unseren Gedanken die meiste Zeit bei unserem Gegenüber. Du fragst dich, wann er sich wieder meldet, wieso er sich nun so verhält, oder wie du dich kleiden solltest, um ihm zu gefallen. Du richtest dich nach den Bedürfnissen der anderen Person aus. In der Liebe funktioniert es allerdings wie in den anderen Lebensbereichen: Deine Mitmenschen werden dir genau das spiegeln, was du über dich selbst denkst. Wenn du die Bedürfnisse einer anderen Person über deine eigenen stellst, spiegelt das deine geringe Selbstwertschätzung und Selbstliebe wider. Du darfst deshalb lernen, dir zunächst selbst die Liebe und Wertschätzung zu schenken, die du dir von anderen wünschst.

Sich selbst Liebe schenken bedeutet im ersten Schritt, dich intensiv mit dir auseinanderzusetzen. Auch die Liebe zu uns selbst kann nur wachsen, wenn wir uns besser kennen und verstehen lernen. Finde zunächst heraus, welche Bedürfnisse, Wünsche und Erwartungen du in deinem Liebesleben und an deinen Wunschpartner oder deine Wunschpartnerin hast, aber auch, welche Grenzen dir wichtig sind. Erst wenn du dir diese Dinge bewusst machst, kannst du den Fokus von der anderen Person weg und hin zu dir selbst lenken. Anstatt dich ständig zu fragen, ob du den Ansprüchen deines Gegenübers gerecht wirst und gut genug bist, hilft dir die innere Arbeit, dass du deinen eigenen Wert erkennst und den Fokus wieder zurück auf dich setzt. Du musst nicht mehr rätseln, ob du gut genug für andere bist, sondern dich eher selbst fragen, ob andere deine Bedürfnisse und Ansprüche erfüllen. Erst wenn du deinen eigenen Wert erkennst und verinnerlichst, wirst du immer mehr Menschen anziehen, die dir deine Beziehung zu dir selbst widerspiegeln

und dich ebenfalls wertschätzend und mit Liebe behandeln. Wenn du deine Bedürfnisse priorisierst und deine eigenen Grenzen respektierst, werden dies auch deine Mitmenschen tun. Umgekehrt ist es so, dass, wenn du andere Menschen über dein Wohlergehen stellst, du häufig deren Wertschätzung verlieren wirst. Wir erinnern dich: Je mehr wir in etwas investieren, desto mehr wächst der Wert dieser Sache oder Person für uns. Wenn du nun diejenige bist, die sich ständig bemüht, es deinem (Dating-)Partner recht zu machen, wird er in deinen Augen wertvoller werden. Wohingegen er sich dann mehr zurücklehnt, wenig investiert und deine Bedeutung und Wertschätzung in seinen Augen gering bleibt. Stelle dich selbst aufs Podest anstatt den anderen, denn dadurch wird es dir nicht nur besser gehen. Dies ist zugleich der größte Hebel, um deine Attraktivität zu beeinflussen.

Natürlich sind wir nie davor geschützt, auch Menschen zu begegnen, die uns nicht guttun, die uns enttäuschen und verletzen. Doch Selbstliebe bedeutet vor allem, in solchen Situationen auf deine Bedürfnisse und deine Grenzen zu achten und solchen Personen nicht mehr länger deine wertvolle Zeit zu schenken. Sobald du deinen eigenen Wert kennst und dir selbst die Liebe schenkst, die du bisher nur im Außen gesucht hast, bist du nicht mehr auf die Bestätigung anderer angewiesen. Du lässt dir auf diese Weise nicht mehr alles gefallen und bist mutig genug, deine Wünsche zu kommunizieren, ohne zu befürchten, jemanden deswegen zu verärgern oder zu verlieren. Wer seinen Wert kennt, weiß, dass sie oder er früher oder später Menschen anziehen wird, die den eigenen Wert ebenfalls erkennen und schätzen werden. Dabei ist wichtig zu wissen, dass nicht erst Situationen, in denen du deine Bedürfnisse und Grenzen kommunizieren musst, den Unterschied machen. Deine innere Einstellung und Beziehung zu dir selbst zeigen sich in deiner

Körperhaltung und deinem gesamten Auftreten. Wir strahlen aus, was wir über uns denken und fühlen. Unsere Gehirne sind hochintelligente Maschinen, die innerhalb weniger Sekunden Menschen lesen und einordnen. Unterbewusst registrieren wir recht schnell, ob unser Gegenüber seinen eigenen Wert kennt und im Zweifelsfall selbstbewusst genug ist, zu gehen, oder ob sich eine Person sowieso alles gefallen lässt.

Eine weitere Voraussetzung für einen gesunden Selbstwert, der dich zu einem erfüllteren Liebesleben führen wird, ist, dir nicht nur zu überlegen, wie deine Wunschpartnerin oder dein Wunschpartner sein sollte, sondern auch zu prüfen, ob du selbst ebenfalls diese Ansprüche erfüllst. Denn wie kannst du etwas von deinem Gegenüber erwarten, wenn du es selbst nicht mitbringst? Wir können es außerdem nicht vorspielen, eine High Value Frau zu sein, die mit sich und ihrem Leben im Reinen ist. Wenn du zunächst daran arbeitest, zu einer Person zu werden, die du selbst gerne als Partner an deiner Seite hättest, werden sich psychologisch gesehen auch mehr potenzielle Partner, die gleichgesinnt sind, angezogen fühlen. Zudem bewahrt dich diese Vorgehensweise davor, dass dein Selbstwertgefühl ins Wanken kommt. Stelle dir einmal vor, du würdest deine Traumfrau oder deinen Traummann kennenlernen, obwohl du aktuell selbst noch nicht gelernt hast, dich selbst anzunehmen und zu lieben. Könntest du die Beziehung dann voll und ganz genießen? Oder hättest du ständig Angst, dass dein Partner dich wegen einer vermeintlich besseren Option betrügt oder verlässt? Wie würdest du dich in Zeiten fühlen, in denen du nicht permanent Liebe, Aufmerksamkeit und Bestätigung von deinem Partner oder deiner Partnerin erhältst? Würde dann nicht immer wieder das Gefühl aufkommen, »Ich bin nicht gut genug« oder »Ich habe ihn oder sie gar nicht verdient«? Dabei ist zudem wichtig zu wissen, dass es nicht nur darum geht, dass du bei äußeren Merkmalen daran arbeitest, deiner Wunschbeziehung näherzukommen. Es ist vor allem essenziell, dass du dich konstant deiner inneren Haltung zu dir selbst widmest. Negative Glaubenssätze halten dich in vielerlei Hinsicht zurück – und das strahlst du auch nach außen hin aus. Dabei können zwei Personen, die sich äußerlich sehr ähnlich sehen, völlig unterschiedlich auf andere Menschen wirken. Der Unterschied zwischen den beiden Personen: Die eine macht ihre innere Arbeit, die andere nicht. Das bedeutet, du kannst nach äußeren Lebensfaktoren bereits deinem eigenen Wunschbild entsprechen. Wenn du dies jedoch noch nicht in deinem Unterbewusstsein verinnerlicht hast, wirst du dich noch immer nicht gut genug fühlen.

Hier noch ein paar Fragen zum Reflektieren und als Denkanstoß:

* Würdest du es attraktiv finden, wenn sich die Welt deines Dates, deines Partners oder deiner Partnerin nur noch um dich dreht und die Person kein eigenes Leben mehr führt?
* Würdest du es attraktiv finden, wenn dein Date, dein Partner oder deine Partnerin keine eigene Meinung hat und immer nur das mag und macht, was du möchtest?
* Welche Erwartungen hast du an deinen Traumpartner oder deine Traumpartnerin?
* Wie sollte er oder sie, wenn du es dir wünschen könntest, aussehen? Welchen Charakter soll er oder sie haben?
* Wie soll das Umfeld dieser Person im Idealfall aussehen? Welche Hobbys hat er oder sie?
* Wie steht es um die finanzielle Situation?
* Wie selbstbewusst soll diese Person sein?
* Wie viele Päckchen und Wunden aus der Vergangenheit darf sie noch unverarbeitet mit sich herumschleppen?

Versuche dir ein konkretes Bild von der Person zu machen, die du an deiner Seite siehst. Nun richte diese Fragen an dich selbst. Erfüllst du schon alle Kriterien, die du von deinem Traumpartner oder deiner Traumpartnerin erwartest? In welchen Bereichen darfst du zunächst noch an dir selbst arbeiten, um deine eigenen Anforderungen zu erfüllen?

Das ultimative Ziel ist es, dass du zu der Person wirst, in die du dich selbst auch verlieben würdest. Kannst du jetzt schon mit Bestimmtheit sagen, dass du diese Person bist und selbst alles mitbringst, was du erwartest? Falls du noch zögerst, mache dir keine Sorgen. Dieses Buch wird dir helfen, dein Selbstvertrauen zu stärken und mehr Selbstliebe in dein Leben zu bringen, damit du einerseits genügend Disziplin aufbringst, um zu deiner eigenen Wunschversion zu werden. Andererseits aber genügend Selbstannahme empfindest, um Dinge akzeptieren und lieben zu lernen, die du nicht ändern kannst.

Annies Beispiel

» *Ich hatte mir früher keine konkreten Gedanken gemacht, wie genau ich mir meinen Traumprinzen vorstellte – gut aussehend, gebildet, gutherzig waren wohl die konkretesten Eigenschaften. Meistens lernte ich zufällig jemanden kennen, und wenn diese Person Interesse an mir signalisierte und ich sie halbwegs attraktiv fand, ließ ich mich darauf ein. Doch je mehr schlechte Erfahrungen ich in meinem Liebesleben sammelte, desto mehr realisierte ich, was ich zumindest nicht mehr wollte. So richtig erkannt, was genau ich mir von meinem Traummann wünsche und vor allem, an welchen Dingen ich zunächst erst einmal selbst noch arbeiten durfte, hatte ich erst durch die letzte Kennenlerngeschichte vor meiner damaligen Lebenskrise und dem damit verbundenen Lebenswandel.*

Mein damaliges Gegenüber war wie ein Spiegel meiner unerfüllten Ansprüche an mich selbst: Er schien mit sich selbst zufrieden zu sein, ein gesundes Mindset und Selbstwertgefühl zu besitzen, er achtete auf eine gesunde Ernährung und hatte einen sportlichen Körper. Außerdem führte er sein eigenes Unternehmen und konnte sich einen luxuriösen Lebensstil leisten. Er strahlte all das aus, was ich damals noch nicht hatte und teilweise nicht für möglich hielt: sich die Ressourcen aufbauen und genügend Selbstvertrauen haben, um seinen Traum der Selbstständigkeit zu wagen. Beruflich wie privat erfüllt sein – auch ohne Partnerin. Sich äußerlich und innerlich lieben beziehungsweise die Disziplin haben, an den Punkten zu arbeiten, bei denen man noch Optimierungsbedarf sieht. Als ich realisierte, dass ich all dies an ihm bewunderte und attraktiv fand, aber damals selbst noch nicht an diesem Punkt war, wurde es zu meinem größten Antrieb, zuerst an mir zu arbeiten. Ich wollte zunächst selbst zu der Person werden, in die ich mich verlieben würde und die ich gerne an meiner Seite hätte.

Heute, in meiner Traumbeziehung angekommen, weiß ich, wie wertvoll und essenziell diese Arbeit war. Wäre ich noch immer nicht im Reinen mit mir, würde ich meine Beziehung niemals so genießen können. Unterbewusst würden mich immer meine eigenen Unsicherheiten plagen.

Biancas Beispiel

» Ich glaube, ich wusste sehr lange nicht, was ich mir überhaupt von meinem Traumpartner wünsche. Mir war nur eins klar: Ich möchte eine Beziehung haben. Aber mit jeder gescheiterten Erfahrung oder mit jedem Date, das nicht so lief, wie ich es mir vorgestellt habe, wusste ich zumindest, was ich nicht wollte. Doch ganz im

Sinne eines positiven Mindsets habe ich dann bewusst angefangen, mir Gedanken zu machen und aufzuschreiben, was ich mir von meinem Traumpartner wünsche – und natürlich darauf geachtet, was ich davon schon mitbringe. Für mich ist Schreiben immer eine gute Möglichkeit, um zu reflektieren und zu visualisieren. Nach jedem Date oder jeder Begegnung, egal, wie sie ausgegangen ist, machte ich mir Notizen. Was hat mir gefallen? Was hat mir gefehlt, um das Treffen zu einem perfekten Date zu machen? Welches Verhalten hätte ich mir von meinem Gegenüber gewünscht? Auf diese Weise fühlte es sich nicht an, als würde ich mit »gescheiterten« Dates meine Zeit verschwenden, sondern ich lernte etwas daraus.

Niemand ist perfekt – ich auch nicht –, daher arbeite ich kontinuierlich an mir. Ich fühle mich mittlerweile im Reinen mit mir selbst. Das bedeutet aber nicht, dass ich mir immer wieder einrede, wunschlos glücklich zu sein, auch wenn ich mittlerweile meine glückliche und liebevolle Beziehung gefunden habe. Es gibt immer noch Wünsche in meinem Leben, die offen sind. Was diese angeht, arbeite ich aktiv daran und vertraue darauf, dass sie zur rechten Zeit erfüllt werden.

Du hast dich nun damit auseinandergesetzt, welche Eigenschaften und Angewohnheiten dein Traumpartner oder deine Traumpartnerin mitbringen sollte. Jetzt wollen wir den Fokus noch einmal etwas genauer auf dich richten:

* Bist du jemand, der ständig versucht, den Wünschen seines Partners oder seiner Partnerin in einer Beziehung gerecht zu werden?
* Machst du alles dafür, dass dein Traumpartner oder deine Traumpartnerin glücklich ist, ohne dabei auf deine eigenen Bedürfnisse zu achten?
* Hast du das Gefühl, dass du in einer Beziehung nicht ganz du selbst sein kannst?
* Neigst du dazu, dich deinem Gegenüber und seinen Vorlieben anzupassen?

Du ahnst es vielleicht schon, diese Fragen zielen auf Verhaltensmuster ab, die es in einer gesunden und ausgewogenen Beziehung nicht geben sollte. Selbstverständlich musst du dich nicht verstellen, sondern einfach dein wahres Ich zeigen können und genau dafür geliebt werden. Dein Verhalten im Liebesleben und in einer Beziehung zeigt dir nämlich immer ziemlich genau, wie deine Beziehung zu dir selbst ist.

REMINDER

Mache dir eine konkrete Vorstellung von deiner Traumbeziehung. Frage dich im Anschluss, ob du alle Punkte und Eigenschaften bereits selbst erfüllst. Du wirst in der Liebe überwiegend das anziehen, was du selbst mitbringst.

DEINE HIGH VALUE BEZIEHUNG

Im Folgenden sprechen wir von einer Mann-Frau-Dynamik, die auf unserem High Value Modell basiert. Unabhängig von der Geschlechtszugehörigkeit gibt es in den meisten Beziehungen eine Person, die eher in der männlichen Energie, und eine, die eher in der weiblichen Energie ist. Dementsprechend sind die folgenden Learnings geschlechtsunabhängig übertragbar. Als High Value Frau möchten wir natürlich einen High Value Partner oder eine High Value Partnerin anziehen. Du weißt mittlerweile, welche Eigenschaften eine High Value Frau hat, und dasselbe wünschen wir uns von dem Menschen, mit dem wir unser Leben teilen werden. Viele haben oftmals Angst vor dem Alleinsein und geben sich daher mit einer Beziehung zufrieden, die ihnen mehr Energie raubt als gibt. Doch auch das ist ein Zeichen mangelnden Selbstwertgefühls, hinter dem sich der Glaubenssatz verbirgt, dass wir nicht gut genug seien oder nichts Besseres verdienen. Als High Value Frau kennst du jedoch deinen eigenen Wert und wirst dich nicht mehr mit weniger zufriedengeben. Überlege dir noch einmal, welche Eigenschaften du dir von deiner Traumbeziehung wünschst, anstatt dich auf die Dinge zu fokussieren, die du nicht mehr haben möchtest. Wenn du hier schon eine Vorstellung hast, sind wir gespannt, ob diese sich mit den Eigenschaften eines High Value Mannes oder einer zu dir passenden High Value Frau decken.

Eine zusätzliche Bereicherung für dein Leben

Als High Value Frau führst du ein erfülltes Leben. Du hast im besten Fall die Karriere, die du immer wolltest, oder bist auf dem Weg dorthin, hast ein stabiles Umfeld mit Freunden und Freundinnen, auf die du dich immer verlassen kannst, und fühlst dich in deiner eigenen Haut wohl, weil du gelernt hast, dich selbst zu lieben. Trotzdem wünschst du dir eine Beziehung, die dein Leben noch zusätzlich bereichern wird, weil sie dir noch mehr Energie und Glücksgefühle schenkt. Schließlich gehört Bindung zu unseren psychologischen Grundbedürfnissen. Damit das möglich ist, muss die Person, mit der du eine Liebesbeziehung eingehst, auch mit sich selbst happy und bei den drei S – wir erinnern uns: Selbstwert, Selbstliebe, Selbstvertrauen – gut aufgestellt sein. Das sollte für dich aber kein Problem sein: Denn du ziehst das an, was du bist. Wenn du die innere Arbeit gemacht hast, ziehst du einen Partner oder eine Partnerin an, der oder die auf diesem Level der Persönlichkeitsentwicklung ist, und bist selbstbewusst genug, zu allen anderen »Nein« zu sagen.

Es ist allerdings nicht nur beim Kennenlernen wichtig, darauf zu achten, ob ein (potenzieller) Partner oder eine (potenzielle) Partnerin dein Leben bereichert. Viel zu schnell schleichen sich Veränderungen ein, und der Mensch neigt dazu, bequemer zu werden. Anfangs können wir uns alle von der besten Seite zeigen, doch ein High Value Partner sollte dieses Level dauerhaft halten können. Natürlich wird er Lebensphasen haben, die ihn persönlich herausfordern und in denen er dann weniger für dich da sein kann, genauso wie dies auch bei dir der Fall sein wird. Allerdings empfehlen wir dir, regelmäßig Bilanz zu ziehen, ob dir eure Beziehung unterm Strich weiterhin guttut und dein Leben bereichert, oder ob sich mittlerweile lauter kleine Dinge eingeschlichen haben, die dich verletzen und dir Energie rauben. Eine High Value Frau macht es nämlich aus, dass sie sich selbst gut genug kennt und achtet, um immer auf ihre Bedürfnisse und Grenzen zu hören. Auch in einer Beziehung sollte in der Theorie die Bereitschaft bestehen, zu gehen, wenn die eigenen Grenzen überschritten oder die eigenen Bedürfnisse dauerhaft nicht erfüllt werden können. Damit wären wir schon beim nächsten Punkt.

Grenzen und Bedürfnisse kommunizieren und akzeptieren

Wir haben dir schon in Bezug auf die Beziehung zu dir selbst erklärt, wie wichtig es ist, dich selbst immer besser kennenzulernen. Denn nur wenn du deine eigenen Bedürfnisse und Grenzen kennst, kannst du diese an deinen (Dating-)Partner kommunizieren. Genauso wichtig ist es, dass dein High Value Partner oder deine High Value Partnerin deine Grenzen und Bedürfnisse respektiert, vor allem auch dann, wenn sie nicht geteilt werden. Ebenso wirst du auch im Verhalten deines Gegenübers erkennen, wie es um die Selbstbeziehung und die Beachtung eigener Grenzen steht. Denn hier gilt: Die Qualität der Selbstbeziehung wird sich in eurer Beziehung widerspiegeln.

Annies Beispiel

» *Ich hatte vor meiner Beziehung mit Niko viele negative Erfahrungen im Liebesleben. Die meisten Wunden und Vertrauensprobleme aus dieser Zeit konnte ich bereits aufarbeiten und loslassen. Doch wenn unser Gehirn über Jahre hinweg immer wieder gelernt hat, dass es lieber nicht vertrauen sollte, braucht es seine Zeit, bis es dauerhaft umtrainiert ist und die neue Lernerfahrung die alten überschreiben. Ich kenne mich mittlerweile so gut, dass ich weiß, welche Dinge mich triggern und verunsichern. Mir ist bewusst, dass ich Niko teilweise auch Grenzen setze, die für andere oder ihn selbst gar kein Problem darstellen. Dennoch ist es mir wichtig, dass er meine Be-*

dürfnisse respektiert, genauso wie ich seine Grenzen achte. Denn so lassen sich viele potenzielle Streitsituationen bereits im Voraus vermeiden. Es erfordert natürlich Selbstbewusstsein, zuzugeben, dass dich ein bestimmtes Verhalten verletzt oder kränkt. Aber hier mache ich mir immer wieder bewusst: Entweder ich verletze mich selbst, weil ich erwartet habe, dass er meine Gedanken lesen kann. Doch dann wäre ich jedes Mal enttäuscht, wenn er etwas macht, was ich nicht gutheiße. Oder ich kommuniziere selbstbewusst und fair meine Grenzen, weil ich realisiere, dass Menschen, die Grenzen setzen, sich selbst besser fühlen und sogar attraktiver auf andere wirken. Für was entscheidest du dich?

Unterstützung in allen Lebenslagen

Du arbeitest auf die Beförderung hin und musst dich in den nächsten Monaten reinhängen? Du willst dir den Traum von einem eigenen Restaurant erfüllen? Egal, welche Lebensziele und Wünsche du hast, dein Partner oder deine Partnerin wird dich unterstützen und fest an dich glauben. Bei einem ernsthaft interessierten High Value Mann wirst du das sogar schon in der Datingphase feststellen. Dich unterstützen heißt aber nicht, dass er jede deiner Ideen direkt für gut hält. Aber bei realistischen Zielen und Träumen wird er hinter dir stehen und dir die Hilfestellungen bieten, die er kann. Viele geben sich in Beziehungen mit einem Minimum zufrieden und fühlen sich dadurch unterbewusst auch weniger wertvoll. Aber Unterstützung von seinem Partner zu erhalten, ist nicht zu viel verlangt, sondern selbstverständlich für einen High Value Mann.

Liebe im Alltag ausdrücken

Romantische Gesten, kleine Aufmerksamkeiten – dein High Value Mann weiß, was du magst und worauf du stehst. Er bemüht sich, dir hin und wieder eine Freude zu machen. Denn er möchte, dass du glücklich bist, und versucht aktiv etwas dazu beizutragen. Auf diese Weise überrascht er dich immer wieder aufs Neue positiv. Der amerikanische Paarberater Gary Chapman prägte den Begriff der fünf Sprachen der Liebe. Sie besagen, dass jeder Mensch seine Liebe vor allem durch eine dieser Sprachen ausdrückt: Worte, Geschenke, Hilfsbereitschaft, Zweisamkeit oder körperliche Nähe. Dementsprechend wird hier auch jeder Partner seine Liebe anders zeigen. Bei einem High Value Mann kannst du dir jedoch sicher sein, dass er seiner Wertschätzung durch mindestens einen dieser Wege immer wieder Ausdruck verleihen wird.

Aufrichtiges Interesse und Verlässlichkeit

Ein High Value Mann ist immer für dich da. Damit ist nicht gemeint, dass ihr unzertrennlich seid. Aber dein Partner wird für dich da sein, wenn du dich schlecht fühlst. Du musst dich nicht fragen, ob du dich mit einem bestimmten Anliegen an ihn wenden kannst oder ihn damit nur unnötig belästigst. Du musst nicht befürchten, dass er dich wegen einer Sorge, die du ihm anvertraust, abwertet. Im Gegenteil: Er wird wissen wollen, was dich beschäftigt, du kannst alles mit ihm teilen. Er wird dir das Gefühl geben, dass es ihm wichtig ist, dass es dir gut geht. Deswegen wird ein High Value Mann für dich da sein und sein Bestes geben, dass du dich auch wieder besser fühlst. Dieses Verhalten zeichnet sich bereits in der frühen Kennenlernphase ab.

Außerdem kannst du dich immer auf einen High Value Mann verlassen. Wenn ihr was ausgemacht habt, hält er sich daran. Du musst dich nicht fragen, wann ihr euch wiederseht, weil er den Kontakt zu dir gerne, kontinuierlich und von sich aus hält. Ein High Value Mann weiß genau, was er will, und das kommuniziert er dir offen und direkt. Verlässlichkeit ist eine seiner Eigenschaften, die du nie hinterfragen musst. Ihm ist es ernst mit dir, und daher bemüht er sich auch, dass er seine Worte einhält und darauf auch Taten folgen lässt. Frauen sind tendenziell kommunikative Wesen, wohingegen Männer ihre wahren Intentionen häufig eher praktisch ausdrücken. Deshalb ist die Faustregel, dass du auf eine Kongruenz von Worten und Taten bei ihm achten solltest. Folgen auf seine Vorhaben, Pläne und liebevolle Worte auch Taten, die damit übereinstimmen und seine Worte bestätigen?

Kein Interpretieren notwendig

Der Partner, der es schafft, in das Leben einer High Value Frau zu treten, trägt ein wahrhaftiges Selbstbewusstsein in sich. Für ihn ist es kein Problem, offen zu kommunizieren. Er wird dir sagen, dass er dich dauerhaft als Frau an seiner Seite sieht und du ein Teil seines Lebens werden sollst. Dabei gibt es keinen Raum für Interpretationen, denn er ist ehrlich und direkt zu dir. Außerdem könnt ihr beide offen über eure gemeinsame Zukunft reden. Du kannst ihn mit Fragen, die eure gemeinsamen Pläne oder Verbindlichkeiten betreffen, nicht aus der Ruhe bringen. Hinzukommt, dass er dir keinen Grund geben wird, dass du über eure Beziehung nachgrübeln musst. Für dich wird es nie Fragezeichen geben, denn du wirst immer wissen, woran du bei ihm bist. Egal, in welcher Phase eurer Beziehung ihr euch gerade befindet, du wirst nichts infrage stellen müssen – schon gar nicht dich selbst. Denn er verhält sich so, dass er dir auf allen Ebenen ein Gefühl von Sicherheit vermittelt.

Das hängt auch mit dem Punkt Kongruenz von Worten und Taten zusammen: Unser Bauchgefühl ahnt oft, dass etwas nicht stimmt, aber meistens können wir nicht greifen, woran es liegt. Ein High Value Mann wird sich allerdings so verhalten, dass auch dein Bauchgefühl dir sagt: Du bist sicher, hier kannst du dich fallen lassen. Wenn du Langzeitsingles fragst, die nach vielen negativen Erfahrungen ihre Traumbeziehung gefunden haben, was auf einmal anders war, sagen sie häufig, dass es »einfach« war. Bei einer High Value Person, die mit sich selbst im Reinen ist und weiß, was sie will, wird es keine Spielchen und Ungereimtheiten geben, die ein schlechtes Bauchgefühl in dir auslösen. Die Kommunikation wird offen, klar und einfach sein, und auf Worte werden entsprechende Taten folgen.

Zur offenen Kommunikation gehört für einen High Value Mann auch, dass er sich verwundbar zeigen kann. Er wird sich nicht nur cool, distanziert oder taktisch verhalten. Sondern er wird dir direkt sagen oder zeigen, was er für dich fühlt. Für ihn wird es leicht sein, allen anderen zu zeigen, wie er zu dir steht. Für dich bedeutet das, dass du nicht unsicher sein musst, wenn du dich mal verwundbar ihm gegenüber zeigst. Nichts wird ihn abschrecken. Merke dir: Bei der falschen Person kannst du nur etwas falsch machen, weil es vollkommen egal ist, was du alles mitbringst. Wenn die andere Person nicht bereit dafür ist

oder sich zu etwas anderem hingezogen fühlt, kannst du auch nichts richtigmachen. Zumindest nicht auf Dauer. Bei dem Richtigen hingegen wird es verdammt schwer sein, etwas falsch zu machen.

Daher gilt, wenn es um Gefühle und Verwundbarkeit geht: Traue dich, authentisch zu sein. Wenn ihr einander eure Gefühle zeigt, wird eure Beziehung noch intensiver. Cool zu tun zahlt sich nicht aus: Entweder wagst du dich mit vollem Einsatz auf das Spielfeld der Liebe – mit dem Risiko, verletzt zu werden –, oder du wirst niemals gewinnen können.

Biancas Beispiel

» *Mein bisheriges Liebesleben hat mich vor allem dahingehend geprägt, dass ich immer lange gebraucht habe, um mein Herz vollständig zu öffnen. Leider war das dann auch oft der Moment, in dem es mir gebrochen wurde. Dadurch habe ich nie gelernt, dass es Beziehungen gibt, in denen ich meine Gefühle nicht zurückhalten muss, um nicht wieder verletzt zu werden. Bevor ich meinem jetzigen Partner begegnet bin, bin ich somit unbewusst immer wie auf Eierschalen unterwegs gewesen, wenn ich jemanden Neues kennengelernt habe. Auch wenn ich immer wieder versucht habe, mich daran zu erinnern, dass ich mich in Liebesdingen öffnen und einfach darauf einlassen muss, ist es mir anfangs immer schwergefallen. Ab dem Moment, wo es dann auseinanderging, fühlte ich mich mit meinem alten Muster bestätigt.*

Daher wartete ich unbewusst in meiner vergangenen Datingphase darauf, dass irgendwas passieren könnte, das nur als Anlass gewertet wird, um die Beziehung zu mir zu beenden. Es waren keine dramatischen und großen Ereignisse, aber das war es auch in der Vergan-

genheit nie. Doch jedes Mal auf ein Neues zeigte mir mein jetziger Partner, dass Unstimmigkeiten, Diskussionen und kleinere Streitereien noch lange kein Grund sind, um sich von mir zu trennen. Daran merke ich, dass er mir die Sicherheit in unserer Beziehung gibt, die ich brauche.

Ich musste lernen – und lerne es immer noch –, darauf zu vertrauen, dass seine Gefühle nicht durch banale Anlässe verfliegen. Darüber hinaus gibt er mir täglich das Gefühl, dass er dankbar dafür ist, mich in seinem Leben zu haben. Auch ich bin jeden Tag dankbar dafür, dass sich unsere Wege gekreuzt haben.

Beziehungsunfähig gibt es nicht

Ein High Value Mann ist bereit für eine feste Beziehung. Mehr gibt's dazu nicht zu sagen. Wenn ihr euch datet, wird er klar kommunizieren, dass er längerfristig etwas Festes sucht oder bereit dafür wäre, falls ihm die Richtige über den Weg läuft. Das heißt natürlich nicht automatisch, dass es bei euch funken muss. Weiß er aber nicht, was er will, sollte das für dich ein großes Alarmsignal sein. Natürlich wird er auch seine Päckchen aus der Vergangenheit haben.

Allerdings sollte er sich dieser bewusst sein und bereits an ihnen arbeiten. Für ihn ist klar, dass er sich zu 100 Prozent auf dich einlässt. Treue und Loyalität sind zwei Begriffe, die fest zu einem High Value Mann gehören. Er gibt dir keinen Grund, daran zu zweifeln, ob er dir treu ist. Er steht zu dir und eurer Beziehung, auch wenn du nicht mit ihm unterwegs bist. Für ihn bist du die einzige Frau, die ihn interessiert, und er behandelt dich dementsprechend sehr wertvoll.

Innere Arbeit ist getan

Der High Value Mann verfügt über ein gesundes Selbstwertgefühl und ist mit sich im Reinen – so wie du auch. Er wird sofort erkennen, ob du eine High Value Frau bist, die es wert ist, einen Platz in seinem Leben einzunehmen. Gleichzeitig bemüht er sich, dich in deinem eigenen Wert zu bestätigen und dir ein positives Gefühl zu geben.

Die Einordnung, ob du eine High Value Frau bist und ob du die Punkte aus unserem gleichnamigen Kapitel so lebst, erfolgt bei den ersten Dates eher unterbewusst: Unser Gehirn und unser Unterbewusstsein saugen viele kleine Details auf und ordnen diese basierend auf unseren Lernerfahrungen ein. Je besser ihr euch kennenlernt, desto mehr wird er dann auch bewusst prüfen, wie es um dein Selbstwertgefühl steht.

Denke außerdem immer daran, dass du dich nicht dauerhaft verstellen kannst. Wie bei allen anderen Dingen in der Liebe gilt auch bei deinem Selbstwertgefühl, dass niemand in einem solch intimen Zusammenleben wie einer Partnerschaft länger als ein paar Wochen eine Rolle spielen kann. Du kannst versuchen, dich genauso zu verhalten, wie sich eine selbstbewusste Person verhalten würde, doch es ist nahezu unmöglich, eine Fassade permanent aufrechtzuerhalten. Zudem wärst du die Leidtragende, wenn du dich nach außen hin cool gibst, aber innerlich ständig von Unsicherheiten geplagt wirst. Daher sollte es dein Ziel sein, dein authentisches Ich in deiner Partnerschaft zu leben, indem du die innere Arbeit auch tatsächlich machst. Das ist der einzige Weg, damit ein High Value Mann sich dauerhaft zu dir hingezogen fühlt.

Wir kennen es alle, dass wir auf Dates gehen, aus denen sich nichts entwickelt. Das ist aber nicht weiter schlimm, wenn du authentisch aufgetreten bist, denn dann kannst du darauf vertrauen, dass sich die passenden High Value Männer von dir angezogen fühlen. Außerdem denken wir als High Value Frau in Fülle. Wenn es mal nicht klappt, dann war das nicht unser potenzieller Traumpartner. Der Richtige, der von Anfang an von dir überzeugt ist und weiß, dass er dich will, wartet da draußen.

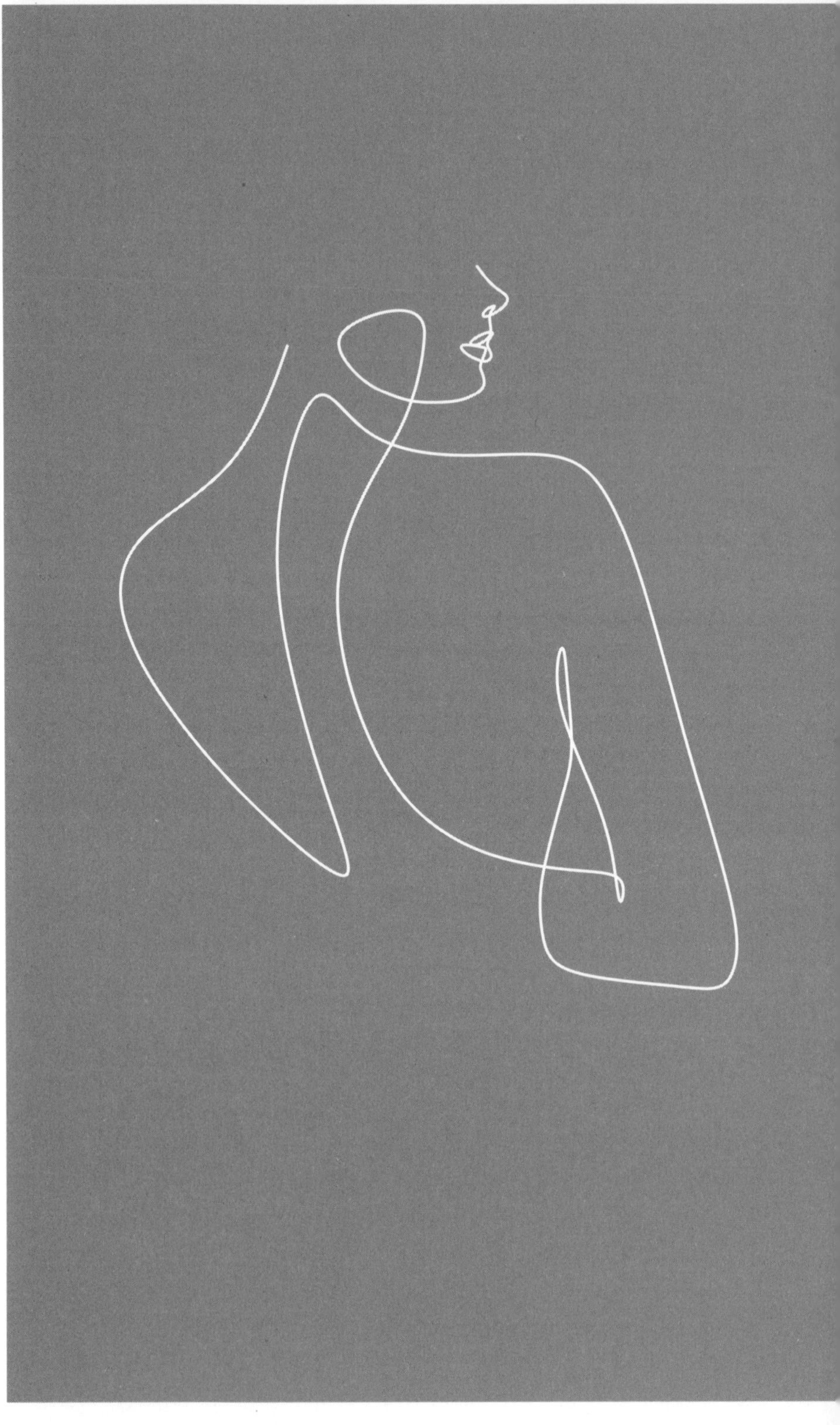

PART VIII

Zeit für Veränderungen

Du hast nun genauere Einblicke bekommen, welche Ansprüche eine High Value Frau an die einzelnen Lebensbereiche stellen kann. Vielleicht kam in dir nun der Wunsch nach Veränderung auf. Manchmal wünschen wir uns, dass endlich alles besser und einfacher wird. Aber was wir dir direkt sagen können, ist: Veränderung kommt nicht von allein und schon gar nicht durch ein Wunder und passives Hoffen.

Wir erinnern dich an unsere Spiegel-Metapher: Du schaust in den Spiegel und bist vielleicht nicht ganz zufrieden mit dem, was du siehst? Doch dein Spiegelbild lässt sich nicht einfach ändern. Um den Anblick, der dich unzufrieden macht, zu verändern, müsstest du zunächst dich selbst verändern. In unserem Spiegelbild sehen wir exakt das, was wir sind. Wenn wir bei der Reflexion etwas anderes sehen möchten, müssen wir bei dem ansetzen, was vor dem Spiegel steht und lediglich reflektiert wird: uns selbst. Es geht nicht darum, dass du dich optisch verändern sollst. Denn ähnlich wie das Spiegelbild uns selbst reflektiert, verhält es sich auch mit deinem Seelenleben. Um in den einzelnen Lebensbereichen das zu erleben, was du dir gerne wünschst, und somit die Reflexionen im Spiegel zu sehen, die dich wirklich glücklich machen, musst du ins Handeln kommen.

Alles, was du an Glaubenssätzen in dir trägst, spiegelt sich früher oder später in deiner Außenwelt wider. Es nützt somit nichts, die Veränderung nur im Äußeren zu suchen, indem du beispielsweise immer deinen Wohnort wechselst, in der Hoffnung, dass dann alles besser wird. Denn du schleppst jedes Mal deine tief verankerten Glaubenssätze mit. Das heißt, du würdest früher oder später wieder in den Situationen landen, die du endlich ändern möchtest. Wenn du die innere Arbeit nicht machst, wirst du immer wieder

Menschen und Situationen anziehen, die dir nicht guttun, und du wirst dich selbst nicht genügend wertschätzen und lieben, um in diesen Situationen die richtigen Grenzen zu setzen und loszulassen.

Selbst ins Handeln zu kommen ist einfacher gesagt als getan, denn wir sind alle Meisterinnen darin, uns etwas vorzumachen oder die Schuld bei anderen zu suchen. Oftmals sind wir uns nicht zu schade, neue Ausreden zu finden. Auch unser innerer Schweinehund hält uns gerne zurück. Aus diesen Gründen halten wir an alten Gewohnheiten und Mustern fest. Zeitweise gehen wir vielleicht noch einen Schritt weiter und reden uns ein, dass wir doch keine Veränderung in unserem Leben brauchen.

Erinnere dich daran, dass du für alles im Leben einen Preis zahlst: für Entscheidungen, die du fällst – und für jene, die du nicht fällst. Wenn du die Entscheidung für Veränderung immer weiter aufschiebst oder dich dagegen entscheidest, solltest du dir bewusst machen, dass weiterhin alles beim Alten bleibt. Nur darauf hoffen, dass sich etwas von Zauberhand ändert, bringt nichts. Wir können dir sagen, dass das nicht passieren wird. Es wird kein Traumprinz angeritten kommen, der dich rettet, und auch ein Lottogewinn, der all deine Probleme lösen würde, ist sehr unwahrscheinlich.

Sei mal ganz ehrlich zu dir: Wann hat sich in deinem Leben etwas von allein geregelt, ohne dass du selbst etwas dazu beitragen musstest? Natürlich hat jede und jeder mal Glück, doch das ist die Ausnahme. Die Regel ist, dass sich nichts verändern oder verbessern wird, wenn du nicht aktiv daran arbeitest. Falls du noch am Schwanken bist, ob Veränderung der richtige Schritt für dich ist, haben wir sieben Anzeichen für dich, die dir zeigen, dass dir eine Veränderung in deinem Leben guttun würde. Nicht alle dieser Hinweise sind eindeutig und offensichtlich. Aber falls dir einige dieser Punkte bekannt vorkommen, solltest du dich selbstkritisch und ehrlich fragen, ob nicht doch endlich die Zeit für Veränderung in deinem Leben gekommen ist. In einem Jahr wirst du dir danken, dass du heute angefangen hast und bereits so weit gekommen bist.

Um dir die Reflexion etwas leichter zu machen, haben wir die einzelnen Punkte auch mit kleinen Übungen versehen. Nimm dir die Zeit, um ganz ehrlich zu dir zu sein.

HINWEIS NUMMER 1

Deine unmittelbare Zukunft

Hast du dir schon einmal Gedanken gemacht, wie dein Leben in zehn Jahren aussehen soll? Falls das nicht der Fall sein sollte, versuche dir einmal genau vorzustellen, was du dir dafür wünschst. Häufig vermeiden wir es, uns im Alltag konkret mit solchen Gedanken auseinanderzusetzen, so nach dem Motto »Kommt Zeit, kommt Rat«. Allerdings gibt es gewisse Lebensziele, die eine langfristige Planung und möglicherweise auch schon ein Investment ab heute von dir erfordern. Wenn du in zwei Jahren eine Familie möchtest, derzeit aber Single bist, solltest du aktiv Zeit in die Partnersuche investieren. Schließlich möchtest du die Person vermutlich erst einmal besser kennenlernen, bevor ihr die nächsten Schritte geht. Wenn du den Traum vom eigenen Haus hast, solltest du dich auch jetzt bereits um deine Finanzen kümmern. Verschwende nicht weiter deine Zeit. Viele kleine Schritte im Heute werden dich in zehn Jahren zu großartigen Ergebnissen führen.

Übung

* Denke dich genau in dieses Szenario hinein, wo du in Zukunft stehen möchtest. Folgende Fragen können dir dabei helfen:
* Wie sieht dein Leben gerade aus (Status quo)?
* Wie wird sich dein Leben mit dem Status quo in den nächsten Jahren weiterentwickeln, wenn du so weitermachst wie bisher?
* Wie sieht deine Karriere aktuell aus, und welche Schritte sind notwendig, um dein Zehn-Jahres-Ziel zu erreichen?
* Wie sieht dein Privatleben aus, und was muss sich ändern, damit dein Zehn-Jahres-Ziel verwirklicht werden kann?

Nun nimm dir Zeit, dir genau vorzustellen, wie dein Leben aussieht, wenn es sich mit dem Status quo weiterentwickelt. Hierzu haben wir noch ein paar weitere Reflexionsfragen für dich:

* Wie wirst du dich mit dem Ergebnis fühlen, wenn sich nichts verändern würde?
* Wie würdest du dann über dein Leben in zehn Jahren denken?
* Wärst du zufrieden/stolz/dankbar?

Visualisiere in Ruhe dieses Leben. Halte dir vor Augen, was das Ergebnis wäre, wenn du nichts in deinem Leben veränderst. Solltest du innerlich denken, dass du dir genau dieses Leben für dich in den nächsten zehn Jahren vorgestellt hast, dann können wir dir gratulieren. Hast du jedoch das Gefühl, dass du mit dem Ergebnis so nicht zufrieden bist, dann solltest du über eine Veränderung nachdenken und vor allem darüber, mit welchen kleinen Schritten du heute schon starten kannst.

Diese Übung öffnet vielen Menschen die Augen. Mach dir jedoch bewusst, dass du vermutlich nur deine natürliche Entwicklung visualisiert hast. Im Leben können allerdings auch jederzeit negative Entwicklungen eintreten, wie eine plötzliche Kündigung, ein Schicksalsschlag, eine Pandemie. Bedenke, dass unsere Lebenszeit endlich ist. Aktuell gehen wir davon aus und wünschen uns allen, dass wir garantiert noch einige Jahre Zeit haben, alles zu verwirklichen. Aber vielleicht kommen unerwartete Herausforderungen auf dich zu, die dir Zeit rauben werden. Und wie gesagt: Dein Zukunfts-Ich wird es dir immer danken, dass du lieber früher als später begonnen hast.

HINWEIS NUMMER 2

Unzufriedenheit mit deinem Leben

Wenn du schon eine Weile eine gewisse Unzufriedenheit verspürst, dann liegt das oft daran, dass du innerlich weißt, dass noch Luft nach oben ist. Du selbst hast mehr Erwartungen an das Leben und bist dir im Klaren darüber, dass eigentlich noch mehr herauszuholen ist.

Selten ist es aber so, dass Menschen bewusst ist, woran sie gezielt arbeiten sollten. Das bedeutet, dass du weißt, dass du etwas verändern möchtest oder aktuell nicht ganz glücklich bist, aber nicht, woran genau es liegt. Das sollte aber schon Anzeichen genug für dich sein, dass du eine Veränderung brauchst. Bist du dir unsicher, wie du mehr Zufriedenheit in dein Leben holen kannst, hilft oftmals auch der Blick von außen, beispielsweise durch ein Coaching.

HINWEIS NUMMER 3

Deine Traumzukunft ist noch weit entfernt

Bei diesem Punkt handelt es sich eigentlich um das Gegenteil von Hinweis Nummer 2. Du weißt nämlich ziemlich genau, was du dir von deinem Leben wünschst, und hast eine konkrete Vorstellung von deiner Traumzukunft. Von dieser Zukunft träumst du auch schon sehr lange, aber bisher liegt sie eben noch in weiter Ferne. Was kannst du tun, damit sie Realität wird?

Übung

Hierfür haben wir ebenfalls eine kleine Übung für dich: Schaue einmal sehr selbstkritisch auf deinen derzeitigen Alltag. Lebst und verhältst du dich so, dass du bereits heute auf deine Traumzukunft hinarbeitest?

Hier solltest du dich ähnlich kritisch wie bei der ersten Übung hinterfragen: Du wünschst dir irgendwann eine eigene Familie, bist aber seit Jahren Single. Wie viel machst du momentan dafür, um deinen zukünftigen Partner kennenzulernen, mit dem du dir diesen Wunsch erfüllen kannst? Eigentlich willst du richtig Karriere in deinem Berufsfeld machen, aber in Wahrheit dümpelst du schon seit Jahren im selben Job vor dich hin. Wie viele Bewerbungen hast du denn in den vergangenen Jahren geschrieben? Hattest du Gespräche mit deiner Vorgesetzten, in denen es um eine Beförderung ging?

Wenn du ehrlich zu dir bist, machst du vermutlich nicht so viel, wie du eigentlich tun könntest. Denn sonst wärst du deiner Zukunftsvorstellung schon nähergekommen. Daher überlege dir doch einmal, was du jetzt bereits tun könntest, um die gewünschte Veränderung in deinem Leben zu bewirken. Denn an dieser Stelle machen wir meist den Fehler, uns nicht bewusst mit unseren Träumen auseinanderzusetzen und uns regelmäßig zu fragen, ob wir in diese Ziele bereits einzahlen. Wir denken, dass es sich schon irgendwie in der Zukunft ergeben wird. Aber wieder einmal müssen wir dir sagen: Nur wenn du Verantwortung für den Verlauf deines Lebens übernimmst und aktiv an deinen Träumen arbeitest, wirst du diese Ziele auch erreichen.

HINWEIS NUMMER 4

Die Wertschätzung fehlt

Du gehörst zu denjenigen, die hilfsbereit und gutmütig sind. »Nein« sagen fällt dir vermutlich schwer. Das führt dazu, dass du oft ausgenutzt wirst. Im Umkehrschluss heißt das auch, dass andere Menschen in deinem Umfeld dich nicht wertvoll und liebenswert behandeln. Viele reden sich ein solches Verhalten von ihren Mitmenschen oft schön oder realisieren gar nicht, dass es auch viel besser sein könnte.

Darum solltest du auch an dieser Stelle einmal ehrlich zu dir sein und reflektieren, wie sich dein Umfeld dir gegenüber verhält. Wenn es dir eher mit wenig Liebe begegnet und du das Gefühl hast, dass es dein Leben nicht bereichert, sollte das auch ein Zeichen für Veränderung sein. Denk daran, dass deine zwischenmenschlichen Beziehungen deine Selbstbeziehung widerspiegeln.

Übung

Diese kleine Übung kann dir helfen, dein Umfeld etwas besser einzuschätzen. Nimm dir dafür gerne etwas Zeit und frage dich:

* Wie wünsche ich mir, von meinem Umfeld behandelt zu werden?
* Wie würde die Idealsituation oder meine ideale Freundschaft aussehen?

Wenn du nur eine kleine Differenz zur Realität feststellst, ist keine große Veränderung nötig. Ist die Differenz zwischen deiner Wunschvorstellung und deinem Status quo aber groß, solltest du dir dein Umfeld genauer anschauen.

HINWEIS NUMMER 5

Du setzt die falschen Prioritäten

Fangen wir diesmal mit den Reflexionsfragen an:

* Wer ist die wertvollste Person in deinem Leben?
* Wen liebst du am allermeisten in deinem Leben?

In deiner Antwort solltest du in irgendeiner Form auch selbst auftreten. Du musst selbstverständlich nicht alleine genannt werden, aber mach dir bewusst, wie wichtig es ist, auch dir selbst Liebe zu schenken. Daher solltest du dich bei diesen Reflexionsfragen zumindest weit nach oben setzen. Selbstliebe bedeutet natürlich nicht, dass du neben dir keine anderen Menschen lieben darfst. Aber die

Liebe, die du anderen gibst, darfst du mindestens in gleichem Ausmaß auch dir selbst schenken – diese Liebe ist die Grundlage für eine lebenslange Beziehung. Sie hört niemals auf, denn du bist die einzige Person, mit der du von Anfang bis Ende deines Lebens am meisten Zeit verbringen wirst. Und jetzt überleg mal, mit welchen Menschen du am liebsten Zeit verbringst? Ganz genau, mit denen, die dir so guttun, dass du sie wirklich lieb hast. Damit dir das möglich ist, musst du dich – wie auch bei der Freundschaft zu einem anderen Menschen – zunächst selbst besser kennenlernen und das Vertrauen in dich stärken. Ein schöner Nebeneffekt hierbei ist: Je mehr Liebe du dir schenkst, desto mehr wirst du zum Liebesmagneten. Das bedeutet, dass du durch mehr Selbstliebe auch mehr Liebe von anderen magnetisch anziehen wirst.

Übung

Um diesen Aspekt in deinem Leben zu fördern, ist es wichtig zu wissen, wie du selbst über dich denkst. Mache folgende Übung hierzu:

* Schreibe zehn Gründe auf, warum du dich selbst liebst.
* Nenne zehn Gründe, wofür du dir selbst dankbar bist.
* Ergänze diese zehn Gründe um zehn weitere, die erklären, warum andere Menschen dankbar dafür sein können, dich in ihrem Leben zu haben.

Wenn du an dieser Stelle Probleme hast, Antworten auf die Fragen zu finden, ist es eindeutig: Dir fehlt es an Selbstliebe und Selbstwertschätzung, und die solltest du dir schenken. Eindeutig Zeit für Veränderungen und eine bessere Selbstbeziehung!

HINWEIS NUMMER 6

Die Emotionen in deinem Leben

Gefühle bestimmen unser Leben. Aber oft sind wir uns unserer eigenen Emotionen überhaupt nicht bewusst. Stelle dir daher einmal folgende Fragen:

* Welche Gefühle dominieren deinen Alltag?
* Welche zehn Gefühle haben dich durch die vergangene Woche begleitet?

Wenn du dir diese Emotionen notiert hast, sortiere sie einmal nach positiv, neutral und negativ. Hast du sehr viele neutrale Gefühle aufgeschrieben, solltest du das beobachten. Natürlich ist es normal, dass man negative und positive Phasen im Leben hat, aber dauerhaft neutrale Gefühle zu empfinden, deutet oft auf Abgestumpftheit hin und sollte dir vor Augen halten, dass die Zeit für Veränderung reif ist: Denn dann lebst du eigentlich nicht mehr richtig. Du darfst den Zugang zu deinen Emotionen wieder erlernen – möglicherweise stecken größere Themen hinter einer gewissen Gleichgültigkeit, die du mithilfe der inneren Arbeit erkennen und auflösen kannst.

Negative und positive Emotionen variieren wie gesagt von Zeit zu Zeit. Jede und jeder hat einmal gute und schlechte Tage, an denen du mal mehr und mal weniger Energie verspürst. Jeder Mensch geht unterschiedlich mit diesen Hochs und Tiefs im Leben um. Für manche ist es gar nicht so einfach, allein aus einem Tief herauszukommen. Wenn das auf dich zutrifft, sollte das ein Warnhinweis sein, die richtigen psychologischen Werkzeuge mithilfe eines Experten oder selbstständig zu erlernen. Wir können uns nicht vollständig davor schützen, negative Emotionen zu empfinden. Allerdings können wir erlernen, wie wir gesund mit ihnen umgehen, sie verarbeiten und schnell wieder loslassen.

REMINDER
Wenn negative oder neutrale Emotionen deinen Alltag dominieren, solltest du Veränderung in deinem Leben willkommen heißen.

HINWEIS NUMMER 7

Die Geister der Vergangenheit

Jede und jeder von uns trägt Päckchen mit sich herum. Dazu gehören auch Menschen, die einem Unrecht getan, uns zum Beispiel nicht wertschätzend behandelt haben. Das gehört zum Leben dazu. Aber hängst du diesen Situationen in Gedanken immer noch hinterher? Wenn du direkt einen oder mehrere solcher Momente im Kopf hast, können wir dir eine weitere Übung an die Hand geben.

Übung

Stelle dir in Gedanken vor, du würdest einer Person, die dich ungerecht behandelt hat, nach einiger Zeit wieder über den Weg laufen.

* Wie müsstest du dich fühlen, damit es okay wäre, ihr zu begegnen?

* Wie müsste dein Leben dafür aussehen?
* Wo müsstest du im Leben stehen, wer müsstest du sein?

Warum lassen wir dich diesen Moment visualisieren? Ganz einfach: Je mehr du mit dir selbst im Reinen bist, desto glücklicher und zufriedener wirst du sein. Ab dem Moment wird es dir egal sein, was die Person, die dir Unrecht getan hat, von dir denkt, ob sie einen vermeintlich besseren Job, hübscheren Partner oder tollere Urlaube als du hat. Es ist dir dann auch egal, ob diese Person noch Gefühle für dich hat oder ob ihr eure Vergangenheit gleichgültig ist. Denn dein Fokus liegt auf dir. Doch oft wissen wir gar nicht genau, was wir alles brauchen, um so zu empfinden und voll und ganz Frieden mit uns selbst schließen zu können, mit unserer Vergangenheit und unserem Leben. Diese Übung wird dir helfen, dir etwas mehr Klarheit zu bringen.

Hast du nun gemerkt, dass du das Gefühl hast, es müsste sich noch viel ändern, damit du dieser Person mit einem guten Gefühl begegnen könntest, dann ist für dich die Zeit für Veränderung gekommen. Aber nicht wegen der anderen Person: Denn du willst dir, dir zuliebe, das Leben schenken, das du dir schon lange wünschst, um zufrieden und glücklich zu sein. Andere Menschen sollten darauf keinen Einfluss haben.

Positiver Nebeneffekt: Auf diese Menschen wirst du plötzlich magnetisch anziehend wirken. Aber eigentlich wird das zu diesem Zeitpunkt schon keine allzu große Rolle mehr spielen. Das liegt daran, dass dein inneres Glück andere Menschen beeindruckt, weil nur wenige Menschen diesen Zustand in ihrem Leben erreichen. Die meisten werden ihr Leben immer danach ausrichten, was andere denken, sagen oder fühlen, statt ihrem eigenen Herzen zu folgen. Nun hast du dir hoffentlich ehrlich beantwortet, ob in deinem Leben die Zeit für Veränderung gekommen ist. Je früher du anfängst, an dir zu arbeiten, desto mehr wirst du in Zukunft in deinem Leben davon profitieren. Für Veränderungen ist es nie zu spät: Jeder Tag, der für dich lebenswerter wird, ist wertvoll.

WARNZEICHEN, DASS DU DRINGEND SELBSTLIEBE BRAUCHST

Das vorherige Kapitel hat dir dabei geholfen, zu erkennen, ob für dich Zeit für Veränderung ist. Oftmals nehmen wir uns aber überhaupt nicht die Zeit dafür, in uns hineinzuhorchen und darauf zu achten, ob unser Körper oder unsere Seele uns bereits Zeichen senden, dass ihnen etwas fehlt. Wir fühlen uns unglücklich und sehen das schon als Normalzustand an. Da viele in den Tag hineinleben und die Begebenheiten, die ihnen täglich passieren, nicht reflektieren, übersehen wir viel zu lange akute Warnzeichen, die uns unser Bauchgefühl und unsere Seele übermitteln. Dabei sollten die Alarmglocken läuten, wenn eines der folgenden Warnzeichen bei dir auftritt.

WARNZEICHEN NUMMER 1

Beeinträchtigung von körperlichen Grundbedürfnissen

Schäfchen zählen? Auf die Atmung fokussieren? Jedes angeblich noch so nützliche Hilfsmittel trägt dennoch nicht dazu bei, dass du den lang ersehnten Schlaf findest. Der Grund dafür ist, dass in deinem Unterbewusstsein viele Gedanken arbeiten, die dir permanent Energie rauben. Während deines Alltags prasseln so viele Eindrücke und äußere Ereignisse auf dein Gehirn ein, dass gar kein Raum vorhanden ist, damit diese Gedanken in dein Bewusstsein dringen können. Das Gedankenkarussell, das dich wachhält, lässt sich von allein nur schwer durchbrechen. Das Problem muss an der Wurzel gepackt werden, sonst ploppen diese Grübeleien immer wieder auf und zehren an deinem Selbstwertgefühl.

Wichtig ist, dass du unterscheidest, ob es sich nur um ein bis zwei schlaflose Nächte handelt, oder ob die Schlafstörungen über mehr als zwei Wochen hinweg anhalten. Erst wenn es sich über einen längeren Zeitraum zieht, solltest du dieses Warnzeichen wirklich ernst nehmen.

Das größte Problem dabei ist, dass Schlafstörungen längerfristig dazu führen, dass sie weitere körperliche Beeinträchtigungen mit sich bringen. Somit beginnt ein Teufelskreis, denn es funktioniert nicht nur so herum, dass unser seelisches Wohlergehen unser körperliches Befinden beeinflusst. Umgekehrt ist es auch so, dass, wenn unsere körperlichen Grundbedürfnisse nicht erfüllt sind, ein wahrhaftig glückliches Leben unmöglich wird.

Damit gehen oft veränderte Essgewohnheiten einher. Manche neigen zu Appetitlosigkeit, wenn sie seelisch gestresst sind, andere essen plötzlich über ihren Hunger hinaus.

WARNZEICHEN NUMMER 2

Aufmerksamkeit und Konzentration nehmen ab

Wenn du weniger Energie, beispielsweise durch Schlafmangel hast, wirkt sich das früher oder später auch auf deine Aufmerksamkeit aus. Es ist ein weitverbreiteter Irrglaube, dass Stress an sich bereits etwas Negatives für uns ist. Im Gegenteil, Stress dient uns evolutionsbiologisch in herausfordernden Situationen und bringt unseren Körper und Geist auf Hochtouren, damit wir für Angriff oder Flucht gewappnet sind. Unser Puls wird beschleunigt, die Muskeln spannen sich an, unsere Sinne werden geschärft. Stress wird erst dann schädlich, wenn er zum Dauerzustand in unserem Körper wird und keine Erholung mehr möglich ist. Dadurch werden selbst die kleinsten Alltagshandlungen zu einer Anstrengung. Ein weiteres Warnzeichen ist, dass dein Gehirn manche Dinge einfach ausblendet: Du vergisst Erledigungen und kleine Handlungen, die du wie auf Autopilot durchgeführt hast. Hast du der Freundin schon auf ihre Nachricht geantwortet, wann ihr euch am Wochenende trefft? Du wolltest noch Klopapier einkaufen, hast du das schon erledigt? Du funktionierst im Alltag einfach nur noch, bist aber eigentlich gar nicht richtig bei der Sache. Was dir in diesen Situationen fehlt, ist eindeutig Achtsamkeit. Die kann dir niemand anderes geben als du selbst.

WARNZEICHEN NUMMER 3

Du fühlst dich in deinem Körper nicht mehr wohl

Wer gestresst ist, neigt dazu, sich selbst zu vernachlässigen. Die Selbstliebe kommt dabei oftmals zu kurz oder ist gar nicht erst vorhanden. Das führt wiederum dazu, dass du dich nicht mehr ganz wohl in deiner Haut fühlst. Möglicherweise geht es sogar so weit, dass du dich auch nicht mehr attraktiv findest. Vielleicht hast du es selbst schon erlebt, dass du in stressigen Zeiten zuallererst Abstriche machst, unter denen dein eigenes Wohlergehen leidet: Du wählst lieber die Tiefkühlpizza, anstatt gesund zu kochen, du lässt den Sport ausfallen, um noch länger zu arbeiten, du rauchst mehr, um dir kurzzeitig einen Kick zu verschaffen. Vielleicht streichst du sogar schon das Zähneputzen oder Duschen vor dem Zubettgehen. Dein Partner oder deine Freundin braucht derzeit mehr Unterstützung von dir? Für deine Yoga-Stunden bleibt deswegen auch keine Zeit mehr. Hauptsache, alles andere läuft, und du funktionierst in deiner Rolle als Tochter, Partnerin, Freundin, Arbeitnehmerin etc. Doch du selbst bleibst auf der Strecke.

Seelisch ignorieren wir gekonnt, wie es uns tatsächlich geht. Wir haben schließlich kaum Zeit, uns darüber Gedanken zu machen, bei all den anderen To-dos. Doch unser Körper wird es uns früher oder später widerspiegeln, indem wir plötzlich zunehmen, unsere Muskeln sich abbauen oder das Haar stumpf wird. Und so kommt es, dass wir uns früher oder später unwohl und unattraktiv in unserer Haut fühlen. Auch körperliche Beschwerden werden häufiger auftreten. Hinzukommt, dass du den Stress, den du empfindest, mit Sicherheit auch nach außen ausstrahlst. Für dich wäre es wichtig, dass du dir einen Alltag schaffst, der es dir möglich macht, dass du deine eigenen Bedürfnisse priorisierst. Das kannst du schaffen, wenn du dich mit den Augen der Liebe betrachtest. Stelle dir vor, wie liebevoll du mit deinem Haustier, deinen Freundinnen, deinem Kind, deiner Familie umgehst: Du möchtest, dass es ihnen in jeder Hinsicht gut geht, und würdest es nicht zulassen, dass sie ihre Gesundheit oder ihr seelisches Wohlbefinden auf die leichter Schulter nehmen und ganz hinten anstellen.

WARNZEICHEN NUMMER 4

Du möchtest nicht allein sein

Obwohl du eigentlich dauerhaft unter Stress stehst und dich ausgelaugt fühlst, möchtest du einfach nicht allein oder ohne Beschäftigung sein. Du planst jede freie Minute durch oder versuchst, möglichst viel unter Menschen zu sein. Gerade jetzt solltest du aber mal innehalten. Denn das ist ein Warnzeichen dafür, dass du vor deinen eigenen Gedanken flüchten willst. Du willst dich einfach nur ablenken, um dich nicht mit deinen Sorgen auseinandersetzen zu müssen. Auch das passiert sehr unterbewusst. Aber es ist kein sonderlich gesundes Verhalten. Versuche doch mal ein Wochenende ganz ohne Pläne und Verabredungen zu verbringen. Wenn schon bei dem Gedanken daran ein mulmiges Gefühl in dir aufkommt, frage dich, welcher Situation du gerade eigentlich entkommen möchtest? Was ist der wahre Grund, weswegen du dich nicht mit dir selbst auseinandersetzen möchtest? Mit sich und seinen Gedanken allein sein zu können muss auch erst einmal gelernt werden.

WARNZEICHEN NUMMER 5

Antriebslosigkeit

Dieses Warnzeichen kommt meist nicht allein, sondern geht oftmals einher mit den anderen Signalen, die wir dir bereits genannt haben. Antriebslosigkeit beginnt schleichend. Du wachst eines Morgens auf und merkst, dass es dir ganz schön schwerfällt, aufzustehen. Die Dinge, die dich an diesem Tag erwarten, motivieren dich kaum. Klar, jede und jeder hat mal einen schlechten Tag. Doch dann kommen diese Tage immer häufiger. Das Aufstehen fällt dir immer schwerer, die Antriebslosigkeit breitet sich immer mehr aus.

Du hast das Gefühl, dass dir nichts mehr richtig Freude macht und du dich kaum noch zu etwas motivieren kannst. Kannst du dich daran erinnern, wann du dich das letzte Mal richtig glücklich und zufrieden gefühlt hast? Wenn du nur schwer positive Emotionen empfinden kannst, obwohl eigentlich ein schöner Tag hinter dir liegt, sollten nun wirklich deine Alarmglocken klingeln.

Wie du siehst, gibt es genügend Warnzeichen, die dir dein Körper und deine Seele senden, bevor du überhaupt realisierst, dass dir irgendwas fehlt. Wenn du achtsam bist und in dich hineinhorchst, kannst du viel sensibler dafür werden und frühzeitig gegensteuern. Du musst nämlich auf keinen Fall nur passiv darauf warten, dass sich etwas an diesem Zustand verändert. Wer möchte schon ständig schlecht schlafen, vor sich hin grübeln und keine Freude mehr an den schönen Erlebnissen im Alltag empfinden? Du mit Sicherheit nicht, denn sonst hättest du dir dieses Buch nicht gekauft. Mit unserer Hilfe kommst du ins Handeln: Du verabschiedest dich von dem »Vor sich hinleben« und nimmst die Zügel nun selbst in die Hand. Schritt für Schritt wirst du mit uns zur High Value Frau.

Annies Beispiel

» *Rückblickend finde ich es selbst erschreckend, wie unbewusst ich einst gelebt habe. Für mich fühlt es sich so an, als hätte ich zwei verschiedene Leben gelebt: einmal das vor meiner inneren Arbeit, dann mein heutiges bewusstes und achtsames Leben. Als ich noch im Marketing arbeitete, war ich – mal wieder – in einer sehr unangenehmen Jobsituation. Meine damalige Vorgesetzte hatte narzisstische Züge und war bereits für zahlreiche Angestellte dort ein Kündigungsgrund gewesen. Auch mich belastete ihr Verhalten sehr. Doch durch mein prall gefülltes Privatleben und die vielen Überstunden bei der Arbeit kam ich gar nicht dazu, mich bewusst mit dieser Situation auseinanderzusetzen. Ich hinterfragte es nicht mal großartig, dass ich immer schlechter und weniger schlief. Eines Tages ging ich vor der Arbeit zum Sport. Es war ein Kraftsport-Kurs mit Gewichten, an dem ich schon seit Jahren teilnahm. Doch an diesem Morgen konnte ich plötzlich Gewichte, die sonst ein Kinderspiel für mich waren, kaum noch heben. Ich war verwirrt, und als ich danach zur Arbeit lief, schickte ich Bianca eine Sprachnachricht und erwähnte das nebenbei. Ihre Antwort öffnete mir dann die Augen: Sie meinte, dass sie ganz und gar nicht überrascht sei, dass ich körperlich so geschwächt war: »Annie, deine Chefin macht dich seit Wochen runter, und du bist einfach nur noch unglücklich in diesem Job. Ich glaube, dich belastet die Situation viel mehr, als dir gerade bewusst ist.« Auch das klingt rückblickend so logisch und naheliegend. Aber ohne die innere Arbeit, mit der wir trainieren, uns unsere unterbewussten Verhaltensweisen bewusst zu machen, ist das leider ein Normalzustand bei uns Menschen. Wir funktionieren häufig einfach nur noch, ohne Dinge zu hinterfragen oder zu realisieren, wie sehr uns etwas schadet und belastet. Ich hatte damals tatsächlich erst durch Biancas Blick von außen verstanden, dass meine seelische Belastung bereits so groß war, dass sie sich schon in meinem Körper widerspiegelte. Wenn wir die Stimme unserer Seele nicht hören oder ignorieren, findet sie Wege, sich über unseren Körper Ausdruck zu verleihen.*

Meine damalige Situation ist das perfekte Beispiel hierfür: Ich war sehr unglücklich in diesem Job und musste weg aus dieser Situation. Doch ich ignorierte die Bedürfnisse meiner Seele. Also legte sie Schritt für Schritt meinen Körper lahm, denn wer körperlich nicht fit ist, kann auch nicht mehr arbeiten gehen. Die Arbeit und Macht unseres Unterbewusstseins sind faszinierend und erschreckend zugleich.

Biancas Beispiel

» Ich erinnere mich daran, dass ich in Berlin einen Job in einem ziemlich bekannten Medienhaus angenommen hatte. Für mich war das eine große Chance, aber weil ich zu den jüngeren Kolleginnen und Kollegen gehörte und noch Berufseinsteigerin war, wurde ich unglaublich oft in Früh-, Spät- oder Wochenenddienste gesteckt. Um mich möglichst wachhalten zu können, fing ich an, viele koffeinhaltige Getränke zu konsumieren. Was war schon dabei, morgens um sieben Uhr den ersten Club Mate zu trinken? Vielleicht nicht der Geschmack von jeder und jedem, aber seinen Zweck erfüllte das Getränk. Allerdings zahlte ich damals einen hohen Preis dafür.

Ich bekam regelmäßig Sodbrennen. Aber anstatt mir Gedanken zu machen, warum ich ständig aufstoßen musste oder mein Essen nicht mehr richtig vertragen konnte, ignorierte ich diesen Zustand. Eines Tages war es so schlimm, dass ich nicht nur Magen-, sondern zudem Rückenschmerzen hatte. Ich konnte mich bis zur ersten Redaktionskonferenz am Morgen kaum noch aufrecht auf meinem Stuhl halten und musste noch während meiner Schicht zum Arzt gehen. Mein Magen war völlig überreizt – und das kam nicht nur von den Getränken.

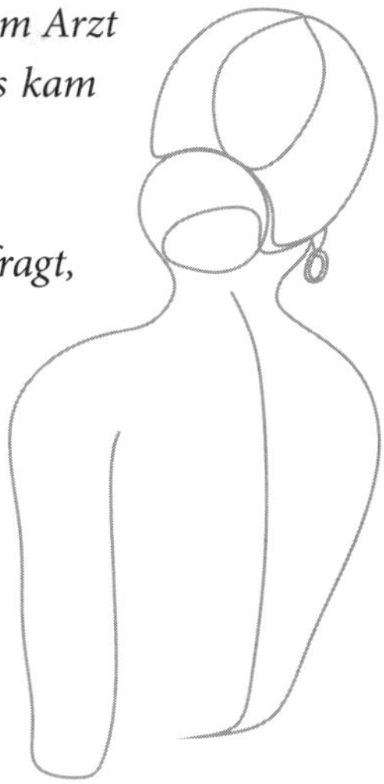

»Haben Sie viel Stress?«, wurde ich beim Arzt gefragt, und erst da wurde mir bewusst, dass ich kaum regelmäßig Schlaf bekam, außer Arbeit nicht viel in meinem Alltag passierte und ich mich nicht gesund ernährte. Mir fehlte es an allen Ecken und Enden an Selbstliebe. Das Resultat damals war, dass ich erst einmal krankgeschrieben wurde, eine Diät machen musste und auf diese Getränke ver-

zichtete. Wenn du aber denkst, dass das der Moment war, der mich wachrüttelte, ich dann meinen Weg zu mehr Selbstliebe begann und meinen eigenen Wert besser einschätzen konnte, liegst du falsch. Ich würde euch gerne sagen, dass ich ab diesem Punkt anfing, nur noch gesund zu kochen und jede Nacht für acht Stunden Schlaf sorgte. Aber das wäre gelogen. Es dauerte noch Jahre, bis ich mir und meinem Körper mehr Aufmerksamkeit und Achtsamkeit schenkte.

REMINDER

Achte auf die Warnzeichen, die dein Körper und deine Seele dir senden. Je früher wir solche Signale entschlüsseln und auf sie reagieren, desto weniger Schaden wurde bereits angerichtet – und desto schneller kommen wir da wieder heraus.

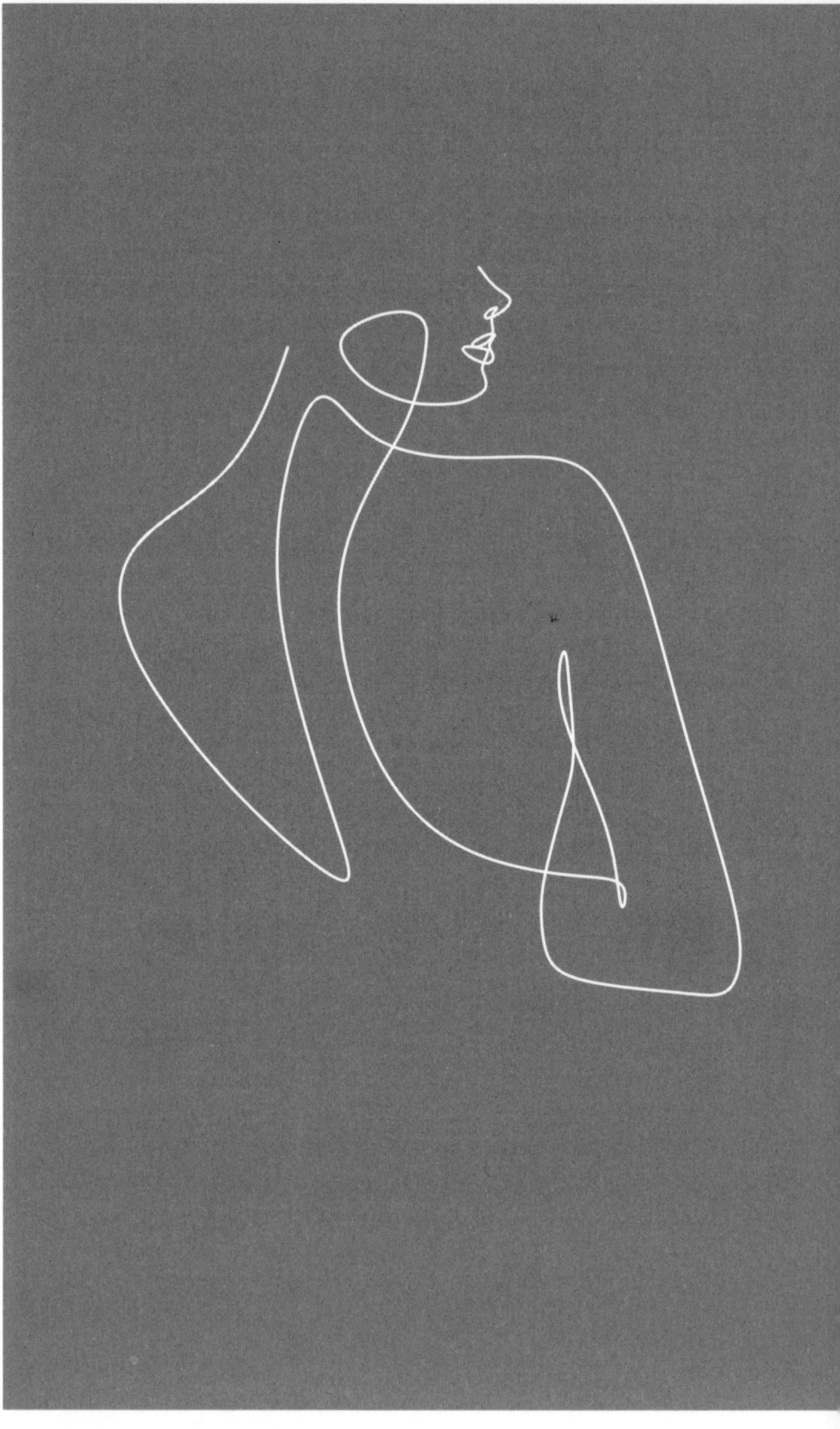

PART IX

Das Unterbewusstsein

Die Macht unseres Unterbewusstseins ist faszinierend und erschreckend zugleich – diese Erkenntnis möchten wir dir nun genauer erklären. In deinem Unterbewusstsein ist alles abgespeichert, was du jemals erlebt hast. Auch Dinge, an die du dich gar nicht mehr erinnerst. Deshalb wird für das Unterbewusstsein oft ein Eisberg im Meer als metaphorisches Bild verwendet: Was wir bewusst wahrnehmen, ist nur seine Spitze. Der entscheidende Part – der unter Wasser – ist unsichtbar für uns, aber wesentlich mächtiger. Das erklärt auch, wie es sein kann, dass du dir in deinen Gedanken ein viel besseres Leben wünschst und ganz andere Ziele hast als das, was du gerade in deinem Leben siehst. Das liegt daran, dass wir täglich etwa 70 000 Gedanken produzieren. Allerdings machen die Gedanken, die du bewusst wahrnimmst, davon nur etwa fünf Prozent aus – also quasi die Spitze des Eisbergs, die für uns sichtbar ist. Die anderen 95 Prozent deiner Gedanken stammen aus deinem Unterbewusstsein und bleiben uns größtenteils verborgen.

Dort schlummern unsere sogenannten Glaubenssätze. Glaubenssätze sind, wie der Name schon sagt, Sätze, die unser Unterbewusstsein glaubt und die wir als gegebene Fakten annehmen. Und das unabhängig davon, ob sie der Wahrheit entsprechen oder nicht. Glaubenssätze sind tief sitzende Überzeugungen über uns selbst, über die Welt und andere Menschen. Sozusagen unsere ganz persönlichen Annahmen, wie das Leben für uns funktioniert.

Doch woher kommen diese Glaubenssätze eigentlich? Es gibt verschiedene Entstehungsweisen. Die meisten Glaubenssätze bilden sich bereits zu Zeiten, an die wir uns heute kaum mehr bewusst erinnern können. In der Kindheit beeinflusst uns vor allem das Verhalten von Autoritäts- und Erziehungspersonen. Auch soziale Normen und kulturelle Gegebenheiten prägen uns. Das Besondere bei der Entstehung unserer Glaubenssätze ist, dass es keine objektive Realität gibt. Das klingt erst einmal etwas abstrakt. Aber es bedeutet lediglich, dass jede Person die gleiche Situation anders wahrnimmt, bewertet und interpretiert. Daher basieren unsere Glaubenssätze vor allem darauf, wie wir gewisse Situationen interpretiert haben.

Nehmen wir zum Beispiel eine an sich neutrale Situation, in der dich eine fremde Person anlächelt. Diese Person nimmt in ihrer eigenen subjektiven Realität wahr, dass sie gut gelaunt ist und ihre Freude teilt. Du interpretierst das Lächeln jedoch als Zeichen dafür, dass du heute besonders gut aussiehst. Du würdest daher, wenn du solche Situationen wiederholt in diese Richtung interpretierst, irgendwann den Glaubenssatz verfestigen: »Gutes Aussehen wird bemerkt und macht sich bezahlt«. Das Heimtückische dabei ist, dass wir natürlich nie in den Kopf der anderen schauen können, sondern lediglich aufgrund unserer persönlichen Wahrnehmung gewisse Rückschlüsse ziehen und dadurch kraftvolle Glaubenssätze bilden. Zumindest passiert dieser Prozess automatisiert und unterbewusst so lange, bis du dich ganz bewusst mit der inneren Arbeit auseinandersetzt. Denn die gute Nachricht ist: Kein Glaubenssatz ist in Stein gemeißelt.

Der Begriff Glaubenssätze ist dir vermutlich nicht nur in diesem Buch schon öfter untergekommen. Um noch besser zu verstehen, worum es sich dabei handelt, stelle dir eine Brille mit einem Filter vor. Dieser scannt sozusagen die gesamte Außenwelt und lässt dich nur das sehen, was du dir in Gedanken einredest und als Glaubenssatz in deinem Unterbewusstsein verankert hast. Wenn der Filter auf den Glaubenssatz »Ich bin nicht gut genug« eingestellt ist, wirst du auch nur Faktoren und Einflüsse wahrnehmen, die diesem Glaubenssatz entsprechen. Jeder Blick, jede Aussage, jede Handlung dir gegenüber wird von dir so ausgelegt und interpretiert, dass der Glaubenssatz bei dir verfestigt und als wahr angenommen wird. Diese Wahrnehmung löst bei dir wiederum negative Gefühle aus.

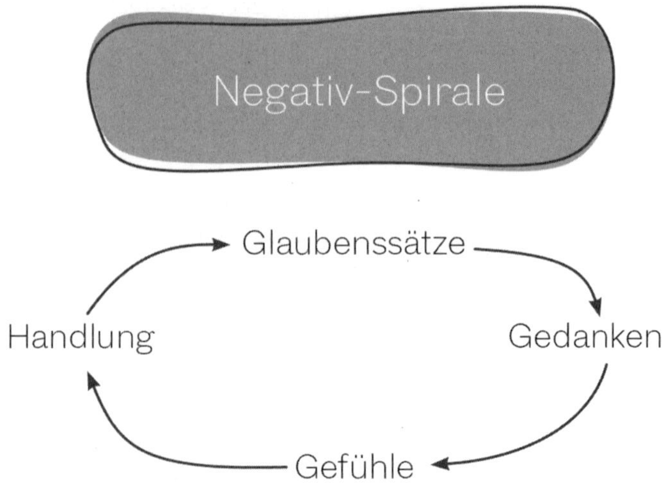

Wir befinden uns in einer Negativspirale: Deine Gedanken erzeugen Gefühle. Deine Gefühle wiederum steuern deine Handlungen. Aus deinen Handlungen ergeben sich die Resultate in deinen einzelnen Lebensbereichen. Für dich bedeutet das, dass der Status quo deines Lebens, das, was du gerade als Ist-Zustand in der Liebe, im Job, im Freundeskreis und der Familie sowie in deiner Selbstbeziehung wahrnimmst, zum größten Teil durch diesen Kreislauf entstanden ist, der unbewusst von dir gesteuert wird.

Der Teufelskreis, der dadurch entsteht, verfestigt immer mehr unsere negativen Glaubenssätze, da unsere Gedanken und unsere

Interpretationen diese immer wieder bestätigen. Wenn du beispielsweise denkst, du seist nicht gut genug für die Beförderung, wirst du dich auch weniger motiviert und selbstbewusst fühlen, um dich von deiner besten Seite zu zeigen. Das führt wiederum zu den Handlungen und dem Resultat, dass du die Beförderung tatsächlich nicht erhältst, wodurch dein Glaubenssatz mal wieder bestätigt wird.

Auf diese Weise verfestigen sich die Gedanken und Glaubenssätze noch mehr in unserem Unterbewusstsein. Der Teufelskreis beginnt von vorne. Der Glaubenssatz-Filter liefert uns immer wieder die nötigen »Beweise«, um an den gewohnten Gedanken und Verhaltensweisen festzuhalten. Wir nehmen an, dass es in unserem Leben einfach so ist:

Wir haben nun mal immer Pech im Job.

Wir verlieben uns nun mal immer in die falschen Typen.

Wir haben es nicht verdient, die Gehaltserhöhung zu erhalten.

GLAUBENSSÄTZE

Du hast nun einen kleinen Einblick in das Thema Glaubenssätze bekommen. Dazu solltest du dir als wichtigsten Punkt merken, dass es keine objektive Realität gibt. Jede und jeder von uns nimmt seine Realität subjektiv wahr, weil wir eben unsere eigene Filterbrille tragen. Deswegen sieht für uns alle die Realität anders aus, basierend auf vergangenen Erlebnissen beziehungsweise auf unseren individuellen Bewertungen und Interpretationen. Person A würde dieselbe Situation anders wahrnehmen als Person B, weil beide in ihrer Vergangenheit vielleicht unterschiedliche Erfahrungen gemacht haben.

Beispiele für negative Glaubenssätze:

»Ich bin nicht gut genug.«

»Ich bin es nicht wert, geliebt zu werden.«

»Ich werde im Job immer übersehen.«

»Mir gelingt vieles einfach nicht.«

»Ich habe kein Glück im Leben.«

»Ich ziehe immer die Falschen an.«

»Ich bin undiszipliniert.«

Alles, was dir vermittelt, dass du nicht gut genug bist, sind negative Glaubenssätze. Aber wie spüren wir sie auf? Denn wie du bereits weißt, schlummern sie in deinem Unterbewusstsein. Du nimmst sie daher gar nicht wahr. Es gibt verschiedene Methoden und Tools, um sie zu identifizieren.

Übung

Nimm dir etwas Zeit und lasse dein Leben Revue passieren: In welchen Lebensbereichen scheinen sich deine Erfahrungen zu wiederholen? Welcher Glaubenssatz könnte sich dahinter verbergen? Frage dich ganz einfach: Wie funktioniert für mich die Liebe und das Berufsleben, wie funktionieren Freundschaften, Gesundheit und Fitness oder Finanzen? Welche Annahmen hast du bisher für einen gegebenen Fakt gehalten? Schreibe dir all diese negativen Glaubenssätze auf. Denke daran, ein gutes Indiz für einen negativen Glaubenssatz ist, wenn du über längere Zeit hinweg immer wieder etwas erlebst, was du nicht möchtest. Dann lenkt dich höchstwahrscheinlich immer wieder ein versteckter Glaubenssatz in diese Situationen.

Bedenke dabei, dass unser Unterbewusstsein zwar immer Antworten liefert, wenn wir uns selbst etwas fragen. Doch es benötigt auch seine Zeit, vor allem, wenn du noch nie zuvor mit deinem Unterbewusstsein gearbeitet hast. Es ist vollkommen normal, dass uns manche Glaubenssätze erst im Laufe der Zeit oder aufgrund unserer blinden Flecken nur im Sparring mit einem Experten bewusst werden.

Glaubenssätze transformieren

Im Anschluss probiere folgende Übung Schreibe dir positive Gegenparts zu deinen bisher identifizierten negativen Glaubenssätzen auf. Auf diese Weise holst du sie aus deinem Unterbewusstsein hervor und versuchst sie bewusst zu transformieren. Das könnte dann wie folgt aussehen:

»Ich bin gut so, wie ich bin.«

»Ich bin begehrenswert und beliebt.«

»Ich bin liebenswert.«

»Ich bin gut in meinem Job.«

»Alles, was ich anpacke, wird zum Erfolg.«

»Ich habe immer Glück.«

»Ich bin diszipliniert.«

Fühlst du dabei Widerstände in dir? Dann sträubt sich dein Unterbewusstsein, diese Sätze anzunehmen. Denn dort ist seit Jahren etwas Gegenteiliges abgespeichert und verankert – nämlich die negativen Glaubenssätze. Jahrelang hast du sie dir eingeprägt, nun willst du diese Realität ändern. Deine Glaubenssätze nachhaltig zu ändern bedeutet, dein Unterbewusstsein wieder neu zu programmieren. Dafür brauchst du Zeit und Geduld.

Dein Unterbewusstsein lernt über regelmäßige Wiederholungen. Um deine Glaubenssätze nachhaltig zu transformieren, musst du erst lernen, bewusst wahrzunehmen, wie dein Alltag durch sie beeinflusst wird.

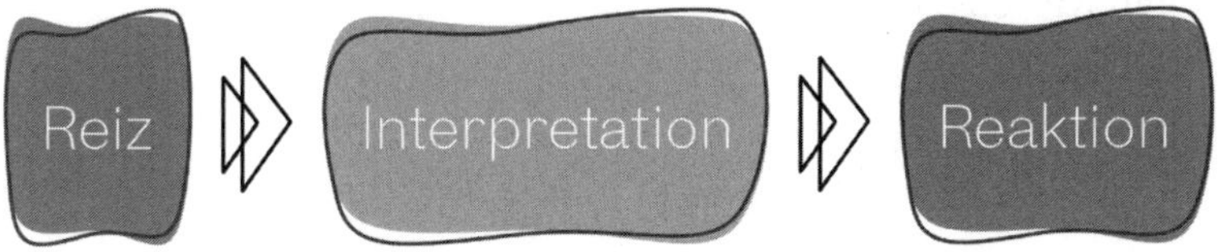

Jede Situation in unserem Alltag hat nur die Bedeutung, die wir ihr zuschreiben. Es läuft immer nach demselben Prinzip: Wir werden mit einem Reiz im Äußeren konfrontiert, das heißt, wir erleben eine Situation. Daraufhin erfolgt von uns meist innerhalb von wenigen Sekunden und komplett automatisiert eine individuelle Interpretation des Geschehens. Wir reagieren nun auf den äußeren Reiz, wir kommen ins Handeln.

Wenn wir uns dieses Modell anschauen, stellen wir fest, dass es nur eine Sache gibt, die wir beeinflussen können: Für uns gibt es jederzeit die Möglichkeit, unsere Interpretation zu verändern. Auf den Reiz, der aus dem Äußeren kommt, haben wir meist keinen Einfluss. Wir können auch nicht immer kontrollieren, wie wir auf unsere Auslegung der Situation reagieren und welche Gefühle dadurch in uns ausgelöst werden. Aber wenn wir unsere Art zu interpretieren beeinflussen, können wir die Reaktion und somit die Resultate, die unser Leben bestimmen, nachhaltig verändern.

Langfristig wirst du dadurch neue Glaubenssätze kreieren. Wir erinnern uns an den Kreislauf des Unterbewusstseins: Auch unsere Resultate beeinflussen wiederum unsere Glaubenssätze. Deshalb ist die bewusste Einflussnahme auf deine Interpretation von Ereignissen ein kraftvoller Hebel, um deine Glaubenssätze positiv zu ändern.

Stell dir einmal vor, du hast in der vergangenen Woche eine Verabredung mit einer Freundin vereinbart. Der Tag des Treffens ist da, daher schreibst du ihr am Morgen eine Nachricht, in der du sie fragst, wann genau ihr euch treffen wollt. Doch deine Freundin reagiert nicht. Zunächst machst du dir keinen Kopf, weil bis zum Feierabend noch etwas Zeit ist. Doch irgendwann wirst du sauer. Deine Reaktion ist es vielleicht, beleidigt das Treffen abzusagen oder ihr eine wütende Nachricht zu schicken, in der du sie auf ihr Fehlverhalten aufmerksam machst. Das Resultat dieser Aktionen: Es könnte ein Streit ausbrechen oder sogar die komplette Freundschaft ins Wanken geraten.

Nun könnte das Ganze auch anders verlaufen: Deine Freundin antwortet nicht, und du wirst wütend. Denn die Nicht-Antwort wird automatisch von dir negativ eingeordnet. Doch anstatt dich deinen Emotionen hinzugeben, kannst du dich erst einmal wachrütteln. Versuche die Gefühle beiseitezuschieben und unterbrich deine negativen Gedanken. Wenn du dir dein unbewusst sabotierendes Verhalten bewusst machst, ist das der erste Schritt, um die Negativspirale zu stoppen. Versetze dich in deine Freundin hinein, um die Situation neu einzuordnen. Vielleicht ist sie gerade beschäftigt und kann nicht auf ihr Handy schauen. Oder sie steht im Moment dringenden Herausforderungen gegenüber, die es ihr nicht ermöglichen, sich bei dir zu melden. Vielleicht gibt es auch einen

Notfall in ihrer Familie oder musste sie selbst spontan zum Arzt? Ihre Nicht-Antwort muss nichts mit dir und eurer Freundschaft zu tun haben, und sie sagt damit nichts darüber aus, als wie wichtig sie die Verabredung mit dir einschätzt. Wenn du dir diese alternativen Optionen vor Augen hältst, reagierst du plötzlich ganz anders darauf, dass sie noch nicht auf deine Nachricht geantwortet hat. Du vermeidest einen Streit, der vermutlich völlig unnötig gewesen wäre. Deine Freundin wird sich melden, und die Situation klärt sich von allein.

In solchen Momenten hilft es, wenn wir auf impulsive und zerstörerische Reaktionen erst einmal verzichten und innehalten. In diesem Zusammenhang ist zerstörerisch nicht nur auf einen Streit mit anderen bezogen, sondern mehr auf die Beziehung zu dir selbst. Denn was findet in solchen Situationen oftmals statt? Wir fangen an, uns negative Varianten auszumalen, wieso sich die Person nicht gemeldet hat, die in der Regel mit uns selbst zu tun haben, was unser negatives Selbstbild sofort verstärkt. Auch das müssen wir lernen: Nicht alles, was in unserem Umfeld passiert, hat mit uns zu tun. Wie oben erklärt, hat jeder Mensch seine subjektive Realität, und genauso wie deine Gedanken hauptsächlich um deine Themen kreisen, geht es auch allen anderen Menschen. Wir müssen nicht immer alles persönlich nehmen. Wenn wir dazu neigen, es doch zu tun, entwickeln wir viel schneller Selbstzweifel und Unsicherheiten.

Das bedeutet für uns, dass wir im ersten Schritt ein Bewusstsein dafür entwickeln müssen, wann wir in solche Muster verfallen. Denn erst wenn wir uns unsere unbewussten Muster bewusst machen, können wir diese auch durchbrechen. Wegen unserer Filterbrillen besitzen wir allerdings viele blinde Flecken und bemerken diese unbewussten Verhaltensweisen oftmals nicht mehr. Ein geschulter, neutraler Blick von außen kann hierbei helfen.

Im zweiten Schritt solltest du dann alternative Interpretationen lernen. Aber: Um dies zu tun, musst du dir Zeit geben. Dazu gehören Disziplin, konstante Arbeit an dir selbst und regelmäßige Wiederholungen. Dein Gehirn hat sich deine alten Verhaltens- und Denkmuster über Jahrzehnte täglich antrainiert, sie haben sich bei dir über die Jahre gefestigt und laufen in einem Bruchteil von Sekunden ganz automatisiert ab. Du kannst dir deine Gehirnpfade, die sich bei unseren festgesetzten Denk- und Verhaltensmustern bilden, wie einen Weg in einem Feld vorstellen: Je öfter du ihn abläufst, desto tiefer setzt sich ein neuer Pfad fest. Jede Wiederholung hilft dir, deine neuen Denk- und Verhaltensmuster ein Stück weiter auszubilden, bis sich der neue Pfad verfestigt und der alte langsam verblasst. Auch das bewusste Wahrnehmen und die Unterbrechung zwischen Reiz und Interpretation muss erst mal erlernt werden.

Das gilt vor allem für akute Situationen in deinem Leben. Ein Coach an deiner Seite kann dir dabei helfen, die alten Muster zu identifizieren und deine emotionalen Reaktionen auf verschiedene Situationen neu zu trainieren, sodass ihr deine bisherigen Muster gemeinsam durchbrecht. Ohne den neutralen Blick von außen übersehen wir in solchen Veränderungsphasen viel zu viele Situationen, in denen wir automatisiert reagieren. Diese Verhaltensweisen haben sich unser Leben lang so festgesetzt und sind für uns vollkommen normal.

Deshalb mache dir immer wieder bewusst, dass eine nachhaltige Veränderung dieser Muster Zeit und konsequente Wiederholung erfordert.

Erinnere dich noch einmal an die Spiegel-Metapher aus unserem Einstieg ins Buch: Es gibt einen Lebensbereich, in dem du noch nicht dein gewünschtes Ergebnis erreicht hast, der Blick in den Spiegel gefällt dir also nicht. Du wirst nicht einfach dein Spiegelbild ändern können, denn du bist es, die die Reflexion im Spiegel verursacht. Das heißt, du musst dich beziehungsweise dein Unterbewusstsein inklusive festgesetzter Glaubenssätze verändern. Tust du das nicht, nimmst du die alten Gedanken- und Verhaltensmuster immer wieder in neue Lebenssituationen mit.

Das bedeutet für dich aber auch, dass du immer wieder dieselben Situationen durchlebst. Willst du das, was du im Spiegel siehst, ändern, musst du erst einmal an dir selbst arbeiten und dich verändern. Erst dann wirst du eine andere Reflexion sehen. Das bedeutet, dass du erst die Glaubenssätze in deinem Unterbewusstsein transformieren musst, die für deine bisherigen Denk- und Verhaltensmuster verantwortlich sind. Nur dadurch wirst du langfristig und dauerhaft anders denken, fühlen, handeln und somit deine Geschichte neu schreiben. Das Leben wird dir ein neues Ergebnis widerspiegeln.

REMINDER

Du nimmst deine Realität subjektiv wahr, weil du individuelle Erlebnisse in der Vergangenheit gemacht hast. Daher interpretierst du Situationen anders als andere Menschen.

GEDANKEN

Du weißt nun, wie dein Unterbewusstsein funktioniert und dass dir im Schnitt etwa 70 000 Gedanken am Tag durch den Kopf schießen. Viele davon finden völlig unbewusst statt. Im ersten Schritt ist es daher wichtig zu lernen, zur bewussten Beobachterin deiner Gedanken zu werden.

Übung

Nimm dir eine Woche lang täglich fünf Minuten Zeit, deine Gedanken ohne Ablenkungen im Äußeren zu beobachten. Dabei nimmst du eine neugierige, interessierte Position ein, ohne zu werten.

* Was fällt dir auf?
* Sind deine Gedanken und Interpretationen überwiegend negativ?
* Redest du dich selbst schlecht?

Im nächsten Schritt solltest du anfangen, deine negativen Gedanken und Selbstzweifel zu hinterfragen:

* Ist das ein Fakt oder meine Interpretation?
* Sind mir diese Gedanken dienlich, oder schaden sie mir?

Der dritte Schritt ist, die Disziplin zu erlernen, deine negativen Gedanken zu stoppen oder durch positive zu ersetzen.

REMINDER
Wir fassen zusammen. Lerne:
1. Gedanken bewusst wahrzunehmen
2. Negative Gedanken kritisch zu hinterfragen
3. Gedanken, die dir nicht dienlich sind, zu stoppen oder auf Positives zu lenken.

GEFÜHLE

Wir können zwar einen bewussteren Umgang mit unseren Gedanken erlernen, doch niemals alle Gedanken zu 100 Prozent kontrollieren. Da unsere Gefühle direkt durch die Gedanken bestimmt werden, können wir auch unangenehme Emotionen nicht vollkommen verhindern. Daher ist es wichtig, einen gesunden Umgang mit deinen Gefühlen zu erlernen. Wenn wir bewusster auf unsere Gefühle achten und lernen, sie zu akzeptieren, wird sich auf Dauer auch unser Leben verbessern. Keines deiner Gefühle entsteht also, ohne dass du vorher etwas Entsprechendes gedacht hast, das dieses Gefühl beeinflusst oder ausgelöst hat. So vermitteln dir negative Gedanken nun einmal auch negative Gefühle. Deswegen ist es besonders wichtig, ein positives Mindset zu entwickeln. Dennoch werden wir negative Gedanken niemals komplett vermeiden können. Deshalb solltest du wissen, wie du mit diesen Gefühlen umzugehen hast.

Wie das Leben nun einmal so spielt, bringt es uns hin und wieder unerwartete Herausforderungen. Das kann ein Schicksalsschlag sein, eine Ablehnung, die aus dem Äußeren kommt, oder ein anderer Rückschlag. Fakt ist, diese Situationen lösen bei uns Gefühle aus. Je unerwarteter diese Dinge passieren, desto eher wirst du in solchen Momenten vielleicht die Kontrolle über dein Handeln verlieren. Wenn du keinen Einfluss auf eine äußere Situation hast, wirst du dich zunächst überfordert oder hilflos fühlen. Meistens folgen darauf noch weitere negative Gefühle. Das kann im ersten Moment alles viel und überwältigend sein, was völlig normal ist.

So kann Wut beispielsweise völlig unkontrolliert aus einem herausbrechen. Manche würden am liebsten auf ein Kissen einschlagen, andere werfen Dinge durch die Gegend, oder uns ist einfach nur danach, zu schreien – vielleicht kennst du das Sprichwort »Wut ist zerstörerisch«? Die Angst ist für viele Menschen eine ständige Begleiterin und kann dich sogar permanent im Alltag bei deinen Entscheidungen beeinflussen. Auch Trauer wird von vielen als negativ empfunden.

Wobei, psychologisch gesehen, ist es wichtig zu verstehen, dass alle Gefühle in erster Linie neutral sind. Auch hier ist es wieder unsere persönliche Interpretation, welche die Gefühle als negativ oder positiv einordnet. Dennoch hat jedes Gefühl etwas Gutes an sich, denn hinter jedem Gefühl steckt eine Botschaft unserer Seele. Außerdem tragen wir alle eine gewisse Scheu vor unangenehmen Gefühlen in uns, wir wollen keinen Schmerz fühlen. Es kann völlig unterschiedlich ausfallen, welches Gefühl wir am meisten fürchten. Das kommt davon, dass wir alle schon einmal für uns schlimme Situationen erlebt haben. Die Erinnerung, die damit einhergeht, führt dazu, dass wir aufwühlende Emotionen, die wir in der Vergangenheit bereits erlebt haben, besonders fürchten. Es ist eine natürliche Haltung, dass wir versuchen, ähnliche Situationen zu vermeiden, damit wir nicht noch einmal diese schlimmen Gefühle erleiden müssen. Das klassische Beispiel hierfür ist Liebeskummer. Eine gescheiterte oder unerwiderte Liebe lässt uns mit einem gebrochenen Herzen zurück. Wir haben das Gefühl, nie wieder heilen und uns nie wieder für einen anderen Menschen öffnen zu können. Am Anfang wird es von Tag zu Tag schlimmer. Mit der Zeit kommen die Phasen, in denen wir denken, dass es besser wird und wir unsere Gefühle wieder im Griff haben, doch dann überrollen sie uns wieder. Diese Phasen des Liebeskummers kennen die meisten von uns. Sie sind nicht schön, gehören aber zum Leben dazu. Viele von uns verschließen deshalb ihr Herz, was es noch viel schwieriger macht, wieder jemand Neues in sein Leben zu lassen. Dabei wäre es viel wichtiger, einen Weg zu finden, um diese schmerzhaften Emotionen zuzulassen und einen gesunden Umgang mit ihnen zu erlernen, sodass wir sie nicht mehr fürchten müssen.

Es ist auch überhaupt nicht möglich, dass wir immer gut gelaunt sein können. Wie gesagt, negative Emotionen sind Teil des Lebens. Dennoch gibt es Wege, um diese Gefühle einfacher willkommen zu heißen, anstatt sie zu fürchten und die auslösenden Situationen zu meiden. Denn letztendlich kommt es darauf an, wie du mit deinen Gefühlen umgehst, denn nur wer kein Netz hat, hat Angst, zu fallen. Das Netz bei unseren Gefühlen sind die richtigen Coaching-Tools und das Selbstvertrauen, dass du auch weniger angenehme Emotionen gesund verarbeiten und schnell loslassen kannst. Ansonsten wirst du immer die unbewusste Angst vor deinen Gefühlen in dir tragen, die dich hemmt, Entscheidungen zu treffen und deine Komfortzone zu verlassen, um dir deine Wünsche zu erfüllen. Aber möchtest du wirklich ein Leben führen, in dem du dich immer zurückhältst aus Angst, dass etwas schiefgehen könnte? Und das, obwohl diese unerwünschten Gefühle sich zwar unangenehm anfühlen, uns allerdings weder umbringen noch sonst etwas Schlimmes mit sich bringen? Es sind lediglich Gefühle, und sie werden sich wieder verflüchtigen.

Außerdem sollte dir bewusst sein, dass jedes Gefühl ein Geschenk ist, denn Gefühle erfüllen eine wertvolle Funktion: Sie sind Botschafter unserer Seele und weisen uns auf etwas hin, dem wir mehr Beachtung schenken sollten. So zeigt uns Wut, dass unsere Grenzen überschritten wurden und wir uns für unsere eigenen Interessen mehr einsetzen sollten. Traurigkeit teilt uns mit, dass uns etwas fehlt, und Angst weist uns darauf hin, dass wir uns bedroht fühlen und eine Lösung finden sollten.

Übung

An dieser Stelle haben wir eine kleine Übung für dich:

* Gibt es momentan etwas in deinem Leben, das du dich nicht traust, weil dich bei dem Gedanken, es zu tun, viele deiner Ängste übermannen?
* Willst du mit einer Freundin schon lange über ein bestimmtes Thema sprechen, hast aber Angst vor ihrer Reaktion?
* Steht das Gespräch zur Gehaltsverhandlung an, aber du schiebst es schon eine Weile vor dir her, deinen Chef nach einem Termin zu fragen?
* Nervt es dich, dass deine Mitbewohnerin so unordentlich ist, aber ansprechen möchtest du es dennoch nicht?

Egal, an welche Situation du gerade denkst, gehe mal in dich und überlege dir, welches Gefühl du mit dem Vermeiden dieses Gespräches, dieser Entscheidung oder Handlung umgehen möchtest. Nimm dir Zeit für diese Übung und schau genau hin, denn auch hier kann unser Unterbewusstsein vermeintlich logische Gründe finden, warum du es noch nicht machst. Doch in den meisten Fällen sind das keine berechtigten Gründe, sondern Ausreden, hinter denen sich deine Angst verbirgt. Die Angst vor den Konsequenzen, die das Gespräch oder die Handlung mit sich bringt, und vor den negativen Gefühlen, die du dabei empfinden könntest. Das liegt vermutlich daran, dass du in der Vergangenheit in ähnlichen Situationen schlechte Erfahrungen gemacht hast. Auch hier ist es daher wieder nur eine Schutzfunktion deines Gehirns und deines Unterbewusstseins, die dich zurückhält.

Die gute Nachricht ist: Das muss nicht so bleiben. Du kannst lernen, wie du mit deinen Gefühlen umgehst. Dafür musst du aber zunächst einmal lernen, die Beziehung zu dir selbst zu verbessern. Denn ein Grund, wieso du dazu neigst, solchen Situationen eher auszuweichen, liegt, wie wir im Kapitel Selbstvertrauen besprochen haben, daran, dass du die Verbindung zu deinem Herzen verloren hast. Es bedeutet, dass du momentan weder auf deine Entscheidungen vertraust, noch darauf, dass du dir selbst in unerwünschten oder unerwarteten Situationen jederzeit selbst zu helfen weißt. Erinnere dich: Das Gegenteil von (Selbst-)Vertrauen ist Angst. Deswegen ist es wichtig, dass du die Verbindung zu dir selbst wiederherstellt und dich selbst besser kennenlernst. Auf diese Weise baust du auch immer mehr das Vertrauen auf, dass du mit allen Gefühlen umgehen kannst.

REMINDER

Der Wunsch nach dem Vermeiden von negativen Gefühlen rührt schlichtweg daher, dass du nicht weißt, wie du mit ihnen umgehen kannst, und mit diesen Gefühlen den Schmerz aus deiner Vergangenheit verbindest, in der du dich hilflos gefühlt hast. Wenn du allerdings weißt, wie du ihnen begegnen kannst, fürchtest du dich auch nicht mehr davor. Für akute Situationen gibt es viele Coaching-Tools, die dir helfen, damit umzugehen.

Gefühle zu- und loslassen

Nehmen wir erneut das Beispiel einer Trennung. Du hast vermutlich schon einmal davon gehört, dass wir eine Trennung nicht nur erleiden, sondern sie auch verarbeiten müssen. Das bedeutet für dich ganz klar: Gefühle zulassen – das schließt auch die unerwünschten mit ein. Weine, wenn dir nach Weinen zumute ist, lenke dich ab, wenn du es brauchst. Aber wichtig ist: Nach einer angemessenen Trauerphase musst du diese Gefühle auch bewusst und mit Selbstdisziplin loslassen, sonst stellst du deine vergangene Beziehung höher, als du es müsstest, indem du sie immer wieder aktiv in deine Gegenwart holst und damit weiterhin deine Zukunft bestimmen lässt. Daher ist es wichtig, dass du dich irgendwann bewusst von deinen Gefühlen zu deinem Expartner oder deiner Expartnerin verabschiedest.

Baue wieder eine Beziehung zu dir selbst auf

Wie oben schon beschrieben, ist es wichtig, dass du dich wieder selbst besser kennenlernst. Was sind deine Bedürfnisse? Warum hast du gewisse Ängste? Du weißt vermutlich, dass es nicht ganz einfach ist, neue Freundschaften zu schließen. Auch da lernst du die andere Person erst besser kennen, bis du dich ihr nach und nach immer mehr öffnest. Genauso verhält es sich mit der Beziehung zu dir selbst. Je besser du dich kennenlernst, desto mehr vertraust du auf dich und weißt, wie du mit deiner Gefühlswelt umzugehen hast – genauso wie du weißt, was deine beste Freundin braucht, wenn es ihr schlecht geht oder sie vor etwas Angst hat.

Finde deinen eigenen Weg

Ob du gerne meditierst, deine Gedanken zu Papier bringst oder dir Unterstützung holst, wichtig ist nur, dass du deinen eigenen Weg findest, wie du sowohl mit deinen negativen als auch deinen positiven Emotionen umgehst. Probiere aus, was dir hilft, um deine Gefühle unter Kontrolle zu bekommen. Die sicherste Bank ist vermutlich professionelle Unterstützung in Form eines Coaches, der oder die gemeinsam mit dir den perfekten und für dich passenden Weg identifiziert, wie du solche Situationen am besten meisterst. Annie kennt das aus ihrem Arbeitsalltag mit Klientinnen nur zu gut. Jede Person tickt nun mal anders, aber für jede und jeden von uns gibt es eine Lösung, die uns das Leben erheblich erleichtert und verschönert. Wir können dir nur nahelegen, dass du keine Angst davor haben solltest, etwas zu fühlen. Emotionen und Empfindungen sind menschlich. Gefühle sind dazu da, um gefühlt zu werden, und sie übermitteln uns immer eine Botschaft unserer Seele. Unnatürlich wird es erst, wenn wir anfangen, unsere Gefühle zu verdrängen. Das kann sogar schädlich sein. Ein anschauliches Beispiel hierfür ist die Metapher eines mit Luft gefüllten Wasserballs: Wenn du versuchst, ihn unter Wasser zu drücken, wirst du immer mehr Kraft brauchen, um ihn unten halten zu können. Doch sobald du ihn loslässt, wird er mit voller Wucht hochspringen. Genauso kannst du dir das mit verdrängten Gefühlen vorstellen. Je länger du sie verdrängst, dich ablenkst oder betäubst, desto heftiger werden sie dich eines Tages unerwartet wie ein Schlag ins Gesicht treffen – die Formen, wie sich das äußern kann, sind vielfältig: eine Panikattacke, Burn-out, (Mid-)Life Crisis, Nervenzusammenbruch oder gar Depressionen. Warnzeichen sollten für dich sein, wenn du versuchst, dich krampfhaft von den negativen Emotionen abzulenken, und du nicht alleine mit dir und deinen Gefühlen sein kannst.

Spüre mal in dich hinein und beantworte dir ehrlich die Frage, wie du mit deinen Gedanken und Gefühlen umgehst. Ist deine Freizeit restlos durchgeplant? Kannst du auch mal ohne Handy, TV oder Musik mit dir, deinen Gedanken und Gefühlen nur für dich sein? Wenn das aktuell noch nicht der Fall ist, können wir dir versichern, dass du das lernen kannst. Wichtig ist dabei nur, dass du konsequent und aktiv an der Umsetzung arbeitest, deine negativen Emotionen zu akzeptieren. Denn solange du deine Emotionen fürchtest, wirst du in Form von Ablenkung und Betäubung vor ihnen fliehen. Wie vieles, was wir dir in diesem Buch nahelegen, ist es eine lebenslange Reise, deine innere Arbeit zu machen. Du wirst mit der Zeit aber selbst die Fortschritte sehen, und das wird dich wiederum motivieren. Das Leben bietet uns nun einmal immer wieder neue Herausforderungen, aber du wirst sehen, dass dir die innere Arbeit dabei hilft, diese mit der Zeit immer besser zu meistern und somit auch weniger zu fürchten.

Annies Beispiel

» Ich habe dir bereits erzählt, dass ich in meinen Zwanzigern nonstop durchgetaktet war. Es blieb sogar kaum Zeit zum Schlafen. Dementsprechend hatte ich aber auch kaum Zeit zum Nachdenken, geschweige denn zum richtig Fühlen. Doch dabei gab es genau in diesen Jahren meist mehrere Ereignisse gleichzeitig, die ich hätte verarbeiten müssen: gebrochenes Herz und Vertrauen in Freundschaften und Liebe, Kündigungen, Schicksalsschläge, Krankheit – es blieb so gut wie nichts aus, was wir im Leben fürchten. Natürlich weinte ich auch damals schon. Aber meistens nur in akuten Situationen. Mein Motto war: the show must go on.

Gefühle auch mal länger zuzulassen, den Schmerz zu verarbeiten und aus den Ereignissen zu lernen – das war zeitlich schwierig, denn mein nächster Termin war meist schon direkt um die Ecke. In den wenigen ruhigen Momenten kamen meine Gefühle jedoch unaufhaltsam an die Oberfläche: auf dem einsamen Heimweg von Partys, kurz auf der Toilette vor dem nächsten Meeting oder in der Bahn auf dem Weg zur nächsten Unternehmung. Was mir damals allerdings gar nicht auffiel, war meine aktive Flucht vor dem Alleinsein und dem Zulassen der Gefühle. Bewusst nahm ich nur wahr, dass ich es bevorzugte, jede freie Minute durchgeplant zu haben. Es machte mich fast wahnsinnig, wenn meine bevorzugten Freunde an einem Wochenende nicht da waren und ich für alle Abende eine Alternative organisieren musste – allein bleiben war für mich keine Option. Ich kontaktierte sogar lieber Bekannte, auf die ich wenig Lust hatte, anstatt zu riskieren, nichts zu tun zu haben.

Das ist der unheimliche Part unseres Unterbewusstseins: Obwohl uns unser eigenes Verhalten enorm selbst schadet, nehmen wir es auf-

grund unserer blinden Flecken meist erst wahr, wenn es schon sehr viel ausgerichtet hat – wie in meinem Fall damals. Heute bin ich dankbar, in meinem Job als Coach der neutrale Blick von außen für viele andere Menschen sein zu dürfen, um sie rechtzeitig wachzurütteln, dass das Verdrängen und Betäuben von Gefühlen keine Lösung ist, sondern alles noch viel schlimmer macht.

Biancas Beispiel

» Ich würde von mir behaupten, dass ich jemand bin, der mittlerweile sehr ausgeglichen und reflektiert ist. Aber natürlich sind auch wir nicht davor geschützt, dass uns manchmal negative Emotionen einholen. Während wir dieses Buch schreiben, gehe ich privat gerade durch eine Phase, in der mich permanent negative Gefühle überrollen. Tatsächlich fühlt sich vieles für mich wie eine unglaublich große Herausforderung an. Dabei meine ich nicht, dass ich überfordert bin, ein Buch zu schreiben. Im Gegenteil: Das ist eine Sache, die mir Freude und Motivation bringt. Stattdessen fühlt sich meine Arbeit momentan gerade wie eine große Belastung an, da ich im Schichtdienst arbeite und insgesamt einen sehr stressbehafteten Job habe. Diesen Stress werde ich aber auch bei alltäglichen Dingen nicht mehr los. Meine Energiereserven sind oft am Limit. Das habe ich schon länger bemerkt und mir in letzter Zeit sehr viel Selbstliebe geschenkt, indem ich mir immer wieder kleine Selfcare-Momente geschaffen habe.

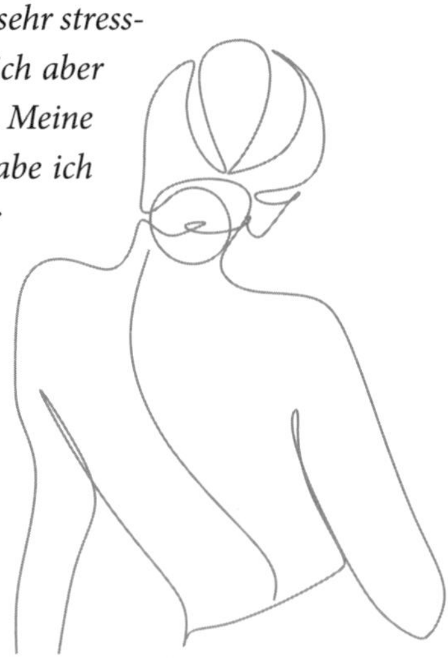

Dennoch: Ich weiß, dass der Zustand nicht von heute auf morgen endet. Ich habe die Ursache erkannt und versuche

diese zu verändern, sodass ich mich bald wieder stärker fühle. Ich habe akzeptiert, dass es momentan einfach Tage gibt, an denen mich schon eine Kleinigkeit aus der Bahn wirft. Ich kann es nicht abstellen. Mich selbst zurechtzuweisen würde mir nur ein noch schlechteres Gefühl geben. Ich spreche offen mit meinem Umfeld darüber und stoße da auf sehr viel Akzeptanz, Verständnis und Liebe. Die Menschen um mich herum geben mir Kraft und zeigen mir, dass es auch okay ist, wenn ich nicht immer gut gelaunt bin. Auch das ist etwas, was ich über die Jahre gelernt habe. Ich muss nicht alles allein durchstehen, ich habe Menschen in meinem Leben, die mich auffangen. Bis ich wieder auf der Höhe bin, freue ich mich einfach über jeden Tag, den ich positiv meistere, und akzeptiere die Tage, die von meiner Stimmung getrübt sind. Denn ich weiß, dass diese Tage normal sind und ebenfalls zu mir gehören, dass sie aber nicht mein ganzes Ich und Leben bestimmen. Durch meine innere Arbeit fällt es mir mittlerweile leichter, mit diesen negativen Emotionen umzugehen. In der Vergangenheit hätten mich solche Phasen deutlich stärker zurückgeworfen und mich mehr Zeit gekostet, wieder positiv nach vorne zu schauen.

PART X

Manifestieren

Du hast bestimmt schon einmal was von Manifestieren oder dem Gesetz der Anziehung oder auch dem Gesetz der Annahme gehört. Diese Begriffe werden seit einigen Jahren immer häufiger verwendet. Dennoch fällt es vielen Menschen schwer, sich darunter etwas Genaues vorstellen zu können.

Im Kern funktioniert das Manifestieren ähnlich wie die Arbeit mit den Glaubenssätzen: Was du in deinem Unterbewusstsein glaubst, spiegelt sich früher oder später in deiner Realität wider. Das bedeutet, du bestimmst und nimmst an, wie die Dinge für dich laufen werden. Die Annahmen sind sozusagen das Äquivalent zu den psychologischen Glaubenssätzen.

Ein einfacher Einstieg in die Funktionsweise des Manifestierens sind kleine Alltagstests. Bei alltäglichen Dingen spüren wir wesentlich weniger Druck als bei den ganz großen Wünschen wie dem Traumjob oder -partner. Ein klassisches Beispiel ist die Suche nach einem Parkplatz. Du kannst dir, während du durch die Straßen fährst, immer wieder vorstellen, dass du gleich den perfekten Parkplatz findest – und plötzlich hat die Parkplatzsuche ein Ende, weil sich der erwünschte Stellplatz nach der nächsten Kurve zeigt. Gerade bei kleinen Alltagsdingen zeigen sich schon sehr schnell Erfolge, wenn du versuchst, positiv an die Situationen heranzugehen. Es ist dasselbe Prinzip wie bei der psychologischen Funktionsweise unseres Unterbewusstseins: Das, worauf du deinen Fokus setzt, wird größer in deiner Wahrnehmung. Konzentrierst du dich auf den perfekten freien Parkplatz, wird deine Wahrnehmung entsprechend geschärft.

Wir wollen dir zeigen, dass du mit dem Manifestieren auch dauerhaft etwas in deinem Leben ändern kannst. Wenn du erst einmal den Dreh raushast, kannst du es als lebenslange Technik in allen Bereichen deines Lebens einsetzen. Dafür musst du nur dein Unterbewusstsein nachhaltig transformieren. Erst dann machen sich dauerhafte Resultate bemerkbar.

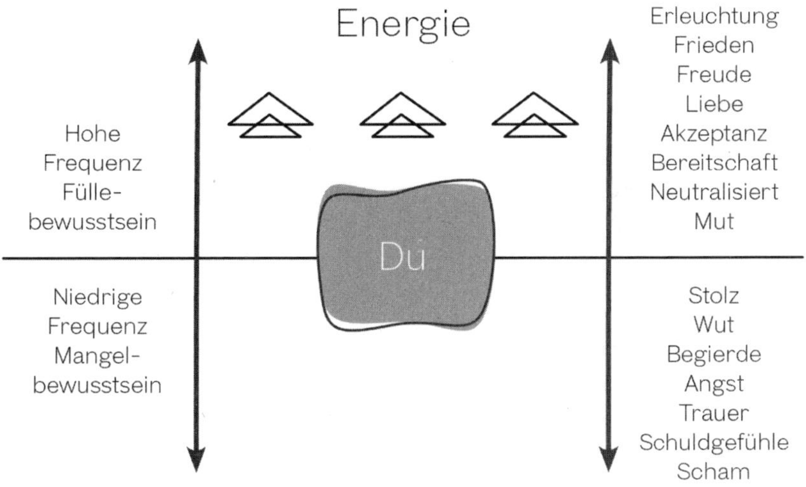

Das Modell ist angelehnt an die Hawkins-Skala des Bewusstseins

Aus der Quantenphysik-Perspektive solltest du folgende Informationen mitnehmen: Alles, was du siehst, auch wir Menschen, besteht aus Energien. Beim Manifestieren gehen wir davon aus, dass diese Energien auf einer bestimmten Frequenz schwingen. So auch unsere Gedanken und Gefühle: Gefühle, die wir als negativ empfinden, wie Trauer und Wut, schwingen auf einer niedrigen Frequenz; Gefühle, die wir gerne empfinden, wie Liebe und Freude, auf einer hohen.

Es gilt der Grundsatz: Gleiches zieht Gleiches an, das bedeutet: Fühlst du dich schlecht, ziehst du mehr von den Ereignissen und Menschen an, die auch auf dieser niedrigen Frequenz unterwegs sind. Kennst du diese Tage, an denen nichts nach Plan verläuft? Du stehst morgens auf und bemerkst, dass du verschlafen hast. Prompt hast du den Gedanken im Kopf: »Was wird heute noch alles passieren?« Du gehst in die Küche, willst dir schnell deinen Kaffee machen, bevor du auf dem Weg zur Arbeit bist, und bemerkst, dass gar kein Kaffee mehr da ist. Innerlich ärgerst du dich, denn du fühlst dich bestätigt: »Heute ist einfach nicht dein Tag.« Du verpasst den Bus, holst dir im Büro einen Kaffee, verschüttest ihn über deine Lieblingsbluse. Und so nehmen die Dinge an diesem Tag ihren Lauf.

In deinem Kopf war vorprogrammiert, dass heute alles schiefgehen wird. Genau aus diesem Grund tut es das auch. Denn deine Gedanken beeinflussen deine Gefühle, und diese schwingen an solchen Tagen auf einer niedrigen Frequenz.

Natürlich kann sich das Manifestieren auch auf positive Weise bemerkbar machen: Wenn du frisch verliebt bist, läufst du vermutlich mit einem breiten Grinsen durch die Welt. In deinem Kopf spielen sich nur positive Gedanken ab. Dir kommt es so vor, als wenn plötzlich alles wie am Schnürchen läuft. Doch in Wahrheit schenkst du den positiven Momenten in deinem Alltag nun einfach mehr Aufmerksamkeit und schwingst auf höheren Frequenzen. Du bemerkst zum Beispiel, wie der Verkäufer beim Bäcker dich anlächelt, als er dir den Kaffee reicht. Du hast dein Hemd vollgekleckert, aber dafür hat deine Kollegin dir sofort eine Serviette gereicht. Um dich herum lächeln dich alle an und sind freundlich zu dir. Negative Ereignisse ziehen dich nicht so schnell herunter, weil sie dir gar nicht auffallen und du ihnen weniger Gewichtung gibst. Du widmest deine Gedanken einer höheren Frequenz. Daher fühlt es sich für dich auch so an, als würdest du mehr glückliche Momente anziehen.

Nachdem du die beiden Beispiele gelesen hast, würden wir darauf tippen, dass du gerne mehr Positives in dein Leben ziehen möchtest. Verständlich und mit Sicherheit die richtige Entscheidung. Aber wie funktioniert das Manifestieren?

Es ist eigentlich ganz einfach:

1. Definiere deinen Wunsch so klar wie möglich. Anstatt allgemein zu sagen: »Ich möchte reicher werden«, überlege dir, was du genau willst. Beispielsweise ein gewisses monatliches Einkommen oder dass du immer genug verdienst, um dir jährlich eine große Reise leisten zu können.

2. Versuche dir vorzustellen, wie du dich fühlen würdest, wenn dein Wunsch in Erfüllung gegangen ist. Denke an den Grundsatz »Gleiches zieht Gleiches« an. Je mehr du es schaffst, dein Wunschgefühl bereits ins Hier und Jetzt zu holen, desto eher wirst du das Leben anziehen, das diesem Wunsch entspricht und auf derselben Frequenz schwingt.

3. Nun überlege dir, wie du als die Person, die ihren Wunsch bereits hat, denken, fühlen und handeln würdest. Hier geht es nicht darum, dass du exakt so handelst wie jemand, der bereits seinen Wunschkontostand hat und nun irrationale Entscheidungen bei seinen Ausgaben trifft. Es geht vielmehr um die innere positive und zuversichtliche Einstellung und ein Fülle- statt Mangel-

Mindset: Du fokussierst dich nicht darauf, was alles fehlt und wie weit du von deinem Ziel entfernt bist, sondern vielmehr auf all die Chancen und Möglichkeiten, die in Fülle vorhanden sind, um dein Ziel zu erreichen. Du entwickelst eine positive Grundeinstellung, dass dein Ziel für dich erreichbar ist.

4. Betrachten wir hierzu einmal genauer das Beispiel »Geld manifestieren«: Anstatt bei einer Ausgabe zu denken »Das kann ich mir niemals leisten« würdest du denken »Ich weiß, dass ich mir das bald leisten kann«. Oder dir geht durch den Kopf, dass du ständig nur Geld ausgibst und dein Kontostand dadurch immer weiter sinkt. Stattdessen solltest du dir vor Augen halten, dass Geld immer im Fluss ist und daher auch früher oder später wieder zu dir zurückkommt. Mache dir in solchen Momenten bewusst, dass du dankbar dafür sein kannst, dass du momentan deine Rechnungen bezahlen kannst und somit den Fokus auf dein bereits vorhandenes Geld setzt, als dich nur auf den negativen Aspekt des ständigen Geldausgebens und den Mangel zu fokussieren.

5. Der wichtigste Schritt, den viele beim Manifestieren missverstehen: ins Handeln kommen, Schritte zu definieren, die zu deinem Ziel führen, und sie auch gehen. Manifestieren bedeutet nicht, sich etwas zu wünschen und passiv zu warten, bis es eintritt.

6. Beispiel Traumpartner: Wenn in dir plötzlich der Impuls aufkommt, eine neue App auszuprobieren oder endlich mit einem Hobby zu beginnen, ein Event zu besuchen oder für einen Spaziergang rauszugehen, dann setze diese Eingebungen in die Tat um.

Manifestieren heißt nämlich, dass du die Chancen, die dir das Universum bietet, selbstbestimmt nutzt. Es bedeutet, ins Handeln zu kommen und aktiv etwas dafür zu tun, dass du deinem Traumleben ein Stück näherkommst. Es ist nämlich ein großer Irrglaube, wenn du jetzt annimmst, dass du mit ein paar positiv formulierten Glaubenssätzen nichts mehr für deine Wunschzukunft tun musst. Hin und wieder gibt es natürlich Ausnahmen, und das Universum serviert dir die Lösung auf einem Silbertablett – aber darauf solltest du dich nicht ausruhen, damit lässt sich nicht planen. Daher werde sensibler für die Zeichen, die um dich herum auftauchen, höre auf deine Intuition und komme diszipliniert in die Umsetzung.

Eine kleine Erinnerung für dich, wie der Kreislauf des Manifestierens funktioniert: Wenn du es schaffst, im Unterbewusstsein die Wunschglaubenssätze, wie beispielsweise »Ich bin immer erfolgreich«, zu verankern, kommt der positive Dominoeffekt ins Rollen. Wichtig ist, dass du so denkst, als wäre dein Wunsch schon in Erfüllung gegangen. Fühle dich in die Wunschsituation rein. Spüre die Emotionen, die du empfinden würdest, wenn dein Traum bereits wahr geworden wäre. Auf diese Weise sendest du die Frequenz aus, die du in dein Leben ziehen möchtest. Auch aus psychologischer Sicht hat das Ganze Vorteile. Erinnere dich daran, dass du einen positiven Kreislauf des Unterbewusstseins entwickelst: Gedanken führen zu Gefühlen. Unsere Gefühle beeinflussen unsere Handlungen. Aus deinen Handlungen heraus entstehen somit Resultate. Diese wiederum werden deine Glaubenssätze positiv beeinflussen, und du wirst automatisch langfristig immer bessere Erfahrungen anziehen.

Weitere psychologische Parallelen weisen der Placebo-Effekt und das Prinzip der selbst erfüllenden Prophezeiung auf: Bei beiden psychologischen Effekten ist analog zum Manifestieren die innere Überzeugung und Erwartungshaltung entscheidend dafür, wie sich die Dinge entwickeln und wie das Resultat beeinflusst wird.

Denke daran, dass du nur gewinnen kannst, wenn du versuchst, die Methode des Manifestierens in deinen Alltag zu integrieren. Manifestieren kann ein Beschleuniger bei der Zielerreichung sein. Es ist ein Self-Empowerment-Tool, das dir hilft, Selbstverantwortung für dein Glück zu übernehmen, anstatt dich hilflos den Umständen ausgeliefert zu fühlen. Selbst wenn du nicht auf Anhieb an dein Ziel kommst, hast du im schlimmsten Fall in eine positive Grundeinstellung und Gefühle investiert. Du fühlst dich jetzt vermutlich bereits so gut, als wäre dein Ziel schon da, und gleichzeitig werden deine Handlungen positiv beeinflusst.

Wir persönlich sehen Manifestieren als Lifestyle, bei dem wir davon ausgehen, dass für uns alles möglich ist und zu unserem Besten passiert. Auch die Wortherkunft verdeutlicht, dass Manifestieren auf der psychologischen Funktionsweise unseres Unterbewusstseins basiert und wenig mit Hokuspokus zu tun hat: Manifestieren kommt von dem lateinischen Wort »manifestare«. Das bedeutet so viel wie »offenbaren«, »zeigen«. Wortwörtlich übersetzt bedeutet manifestieren, dass sich unsere Gedanken in unserer Realität verfestigen und zeigen. Sowohl in der Psychologie als auch beim Manifestieren ist somit der Schlüssel zum Glück ein positives Mindset – das sogenannte Gesetz der Annahme, dass du davon ausgehst, dass sich dein Wunsch erfüllt. Das positive Mindset bekommst du nur, wenn du ein positiv transformiertes Unterbewusstsein hast. Erinnere dich aus dem Kapitel zum Unterbewusstsein daran, dass deine fünf Prozent bewusstes Denken nie dauerhaft gegen die 95 Prozent unterbewusstes Denken ankommen werden. Vor allem, wenn dort noch tief verankerte negative Glaubenssätze lauern. Ist das der Fall, wird es für dich kaum möglich sein, die meiste Zeit auf einer hohen Frequenz zu schwingen und damit dauerhaft positive Situationen in dein Leben zu ziehen und zu manifestieren.

Annies Beispiel

» Privat wie beruflich bin ich ein großer Fan des Manifestierens. Bei Klientinnen erlebe ich immer wieder den positiven Effekt, dass das Manifestieren ihnen hilft, besonders auf ihre Gedanken und Gefühle zu achten. Wenn man einmal den Grundsatz »Gleiches zieht Gleiches an« verinnerlicht hat, gewichtet man es viel mehr, sich auf die schönen Dinge zu fokussieren, um immer mehr davon anzuziehen. Es fällt somit viel leichter, unerwünschte Geschehnisse loszulassen, denn wer möchte schon zu lange in einer niedrigen Schwingung festhängen und mehr Negatives anziehen? Mich persönlich motiviert das auch, um in meinem positiven Mindset zu bleiben. Ich habe mir in meinem Leben schon einiges manifestiert: Geld, berufliche Erfolgserlebnisse, neue Freundschaften und meinen Traummann.

Natürlich fragen mich häufig Skeptiker, ob das nicht alles Zufälle waren oder das Ergebnis meiner (inneren) Arbeit. Zweiterem stimme ich zu – dass Manifestieren im Kern viele Parallelen zur Arbeit mit dem Unterbewusstsein hat, haben wir dir bereits erklärt. Dennoch hat Manifestieren für mich einen Hauch des unerklärlich Magischen an sich: Die Impulse, die ich hatte und die

mich zu entscheidenden Handlungen geführt haben, oder jene Manifestationen, die über einen Weg in mein Leben getreten sind, den ich niemals hätte erahnen oder vollständig rekonstruieren können. Manifestieren ist meiner Meinung nach 60 Prozent innere Arbeit, 39 Prozent ins Handeln kommen und ein Prozent Magie. Wir können dabei also nur gewinnen, da es uns zu einem glücklicheren Leben bewegt.

Biancas Beispiel

» *In meinem Freundeskreis bin ich dafür bekannt, dass ich gerne lese. Natürlich gehörte es immer schon zu meinen großen Träumen, auch selbst einmal ein Buch herauszubringen. Mit meiner Manifestations-Routine habe ich angefangen, ein Journal zu führen, in dem ich meine positiven Glaubenssätze für mein Wunschleben formuliere. Einer dieser Sätze lautet »Ich bin eine publizierte Autorin«. Was soll ich sagen? Ich glaube, dieses Buch ist der Beweis dafür, dass ich mir diesen Wunsch manifestiert habe. Im Traum hätte ich nicht daran gedacht, dass ein großes Verlagshaus auf uns zukommt und uns einen Buchvertrag anbietet. Aber in mir war immer die Gewissheit, irgendwann mein eigenes Buch zu schreiben und es in den Händen zu halten. Auf welchem Weg das passieren würde, wusste ich nicht. Aber ich habe fest daran geglaubt, dass es wahr werden wird, weil ich mir sicher bin, dass ich alles erreichen kann, was ich mir vornehme. Oft werde ich dabei überrascht, wie etwas in Erfüllung geht. Manchmal tun sich Wege auf, an die ich vorher nicht einmal im Traum gedacht hätte. Das fühlt sich fast magisch an. Manchmal, wenn ich über einen Lebensbereich grüble und ins Wanken gerate, hilft mir Manifestieren auch, mit Zuversicht und Vertrauen an verschiedene Situationen heranzugehen. Vor allem, wenn ich zu diesem Zeitpunkt noch nicht den genauen Weg zum Ziel kenne.*

REMINDER

Hast du positive Glaubenssätze in deinem Unterbewusstsein verankert, kommt der Dominoeffekt zum Einsatz, und die Dinge nehmen ihren Lauf. Wichtig ist, dass du dich in die Situation hineinversetzt, als wäre deine Manifestation schon in Erfüllung gegangen. Du sendest auf diese Weise die Frequenz aus, die du in dein Leben ziehen möchtest.

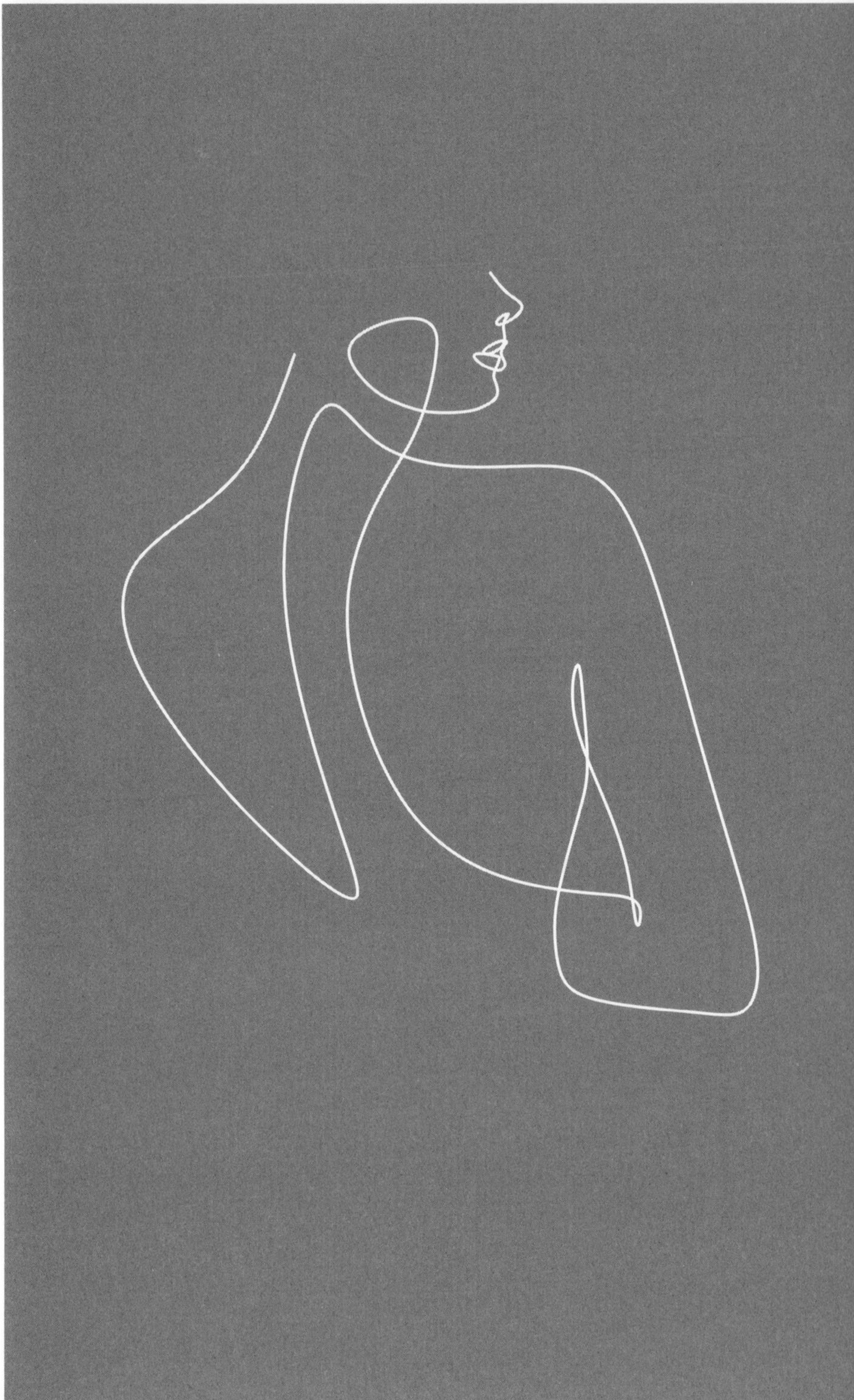

PART XI

Loslassen

Wir haben dir im Laufe des Buches aufgezeigt, woran du erkennst, ob du etwas in deinem Leben verändern solltest, und dass die Arbeit an deinem Unterbewusstsein und den drei S der Schlüssel zum Glück sind. Doch wer sich Veränderung wünscht, darf zunächst Loslassen lernen. Loslassen ist eine Fähigkeit, die bei der inneren Arbeit unabdingbar ist: Wir dürfen uns von vergangenen Erfahrungen, schädlichen Gewohnheiten, negativen Glaubenssätzen, Gedanken und Gefühle als auch von Menschen, die uns nicht mehr guttun, lösen, bevor wir Neues und Besseres willkommen heißen können. Wenn du immer wieder über bestimmte Sachen nachdenkst, hältst du dich selbst in deiner Vergangenheit auf. Dabei liegt es in deiner Macht, etwas im Hier und Jetzt zu verändern.

Du weißt bereits, dass dein Leben, wie es gerade ist, und auch viele deiner Verhaltensmuster in zwischenmenschlichen Beziehungen durch Erfahrungen aus deiner Vergangenheit geprägt sind. Deine Vergangenheit hat einen erheblichen Einfluss auf deinen Ist-Zustand. Daher ist es besonders wichtig, dass wir lernen, wie wir die Vergangenheit loslassen können. Es raubt uns permanent Energie, wenn wir an Dingen festhalten und immer wieder darüber nachdenken, was mal passiert ist. Aber Loslassen will gelernt sein.

Dass wir nicht weiterkommen und auf der Stelle treten, kann verschiedene Gründe haben: Vielleicht hängst du noch an deinem oder deiner Ex, oder du spielst Situationen aus der Vergangenheit durch, wo du enttäuscht oder verletzt wurdest. Auch Scham kann dich daran hindern, loszulassen. Vielleicht schämst du dich für eine längst vergangene Situation? Loslassen muss sich nicht zwingend auf Liebesbeziehung beschränken, selbstverständlich kannst du dies auch auf jede andere Lebenssituation und zwischenmenschliche Beziehung übertragen.

Loslassen von Vergangenem und Zukunftsängsten

Manche leben mit ihren Gedanken in der Vergangenheit und halten dadurch an negativen, vielleicht sogar depressiven Trauergefühlen fest. Andere hingegen können ihre Zukunftssorgen und Ängste nicht loslassen, die in den meisten Fällen niemals eintreten werden. Unser Gehirn kann bei Gedanken nicht zwischen Realität, Vergangenheit, fiktiven Horrorszenarien oder Wunschvorstellung unterscheiden.

Das heißt, wenn du permanent mit deinen Gedanken in der Vergangenheit bei schlechten Erinnerungen bist, wirst du dieselben schlechten Gefühle immer wieder in das Hier und Jetzt holen. Du wirst den Schmerz jeden Tag aufs Neue in dir hervorrufen und in deine Gegenwart manifestieren. Denselben Effekt erzeugst du, wenn du dich ständig auf Ängste und Sorgen, die in der Zukunft liegen, fokussierst: In beiden Fällen – ob du dich für eine negative Prognose, die Ängste hervorruft, entscheidest oder dir in Gedanken deine Wunschzukunft visualisierst, investierst du Energie in eine noch ungewisse und unvorhersehbare Realität.

Doch in dem einen Fall erzeugst du in der Gegenwart negative Gefühle, und bei der anderen Variante sorgst du für eine Produktion von positiven Gefühlen und Zuversicht. Im Sinne der Achtsamkeit ist es wichtig, dass deine Gedanken sich mit der Gegenwart auseinandersetzen und bei Zukunftsgedanken sich auf den Best Case fokussieren.

REMINDER
Wer mit den Gedanken in der Vergangenheit lebt, wird überwiegend traurig sein und sich selbst die Chance auf eine positive Veränderung verbauen. Menschen, die Gedanken an die Zukunft nicht loslassen können, werden überwiegend in Ängsten und in Sorgen leben, es sei denn, du investierst die Gedankenkraft in deine Wunschvorstellung statt in Horrorszenarien.

Loslassen geliebter Menschen

Das Loslassen von Menschen fällt uns aufgrund unserer emotionalen Bindung besonders schwer. Annie arbeitet in ihren Coachings häufig mit folgender Metapher, die augenöffnend ist:

Du und die Person, die du endlich in der Vergangenheit lassen möchtest, seid dabei Pferde. Ihr seid eine Zeit lang gemeinsam durchs Leben geritten, habt vieles erlebt, seid durch Täler und über Berge gewandert, habt Sonnenschein und Regen gemeinsam durchgestanden. Doch irgendwann wurde das andere Pferd alt und schwach. Gemeinsam kamt ihr immer langsamer und holpriger voran. Bis das andere Pferd eines Tages stirbt. Du musst dich nun von ihm verabschieden und es zurücklassen. Du möchtest weder dort stehen bleiben noch hast du die Kraft, die Last deines toten Kameraden immer weiter mit dir herumzutragen. Stell dir vor, wie du dich nun von dem anderen Pferd verabschiedest und für die gemeinsame Zeit bedankst. Es war für deine Reise wertvoll und hat dein Leben bereichert. Doch für den weiteren Weg stellt es eine

Belastung dar, wenn du noch weiter daran festhältst. Du wirst viel schneller sein, wenn du nun erst mal alleine weitergehst. Die Erinnerungen kannst du trotzdem in Dankbarkeit und Liebe in deinem Herzen verwahren. Und eines Tages wird ein neues Pferd deinen Weg kreuzen, das dir deinen weiteren Weg verschönern wird … Diese Metapher kann dir als Reminder dienen, wenn es darum geht, geliebte Menschen loszulassen. Sie wird dich daran erinnern, wie belastend und erschwerend das unnötig lange Festhalten an Personen sein kann.

Loslassen von schlechten Gewohnheiten

So befreiend es ist, destruktive Gedanken und Personen loszulassen, ist es essenziell, schlechte Gewohnheiten und negative Glaubenssätze zu verabschieden. Auch hier kannst du die Metapher mit den Pferden nutzen, denn jede noch so schädliche Gewohnheit und jeder noch so negative Glaubenssatz waren uns einst nützlich.

Hast du zum Beispiel die Gewohnheit des emotionalen Essens, die dir langfristig einer gesunden Lebensweise und deiner Traumfigur im Wege steht, so war diese Gewohnheit möglicherweise in einer schweren Zeit der einzige Trost, der dir Halt und Liebe geboten hat. Oder wenn du den Glaubenssatz »Ich bin nur liebenswert, wenn ich mich anderen anpasse« in dir trägst, hat er dir vielleicht in einer damals lebensbedrohlich erscheinenden Situation als Kind dabei geholfen, mehr Liebe und Aufmerksamkeit von deinen Eltern zu erhalten. Vor allem in unserer Kindheit und Jugend entwickeln wir aus evolutionspsychologischen Gründen viele Schutzmechanismen, die uns davor bewahren, von der Gruppe ausgeschlossen oder von den Eltern abgestoßen zu werden, da solche Situationen früher lebensgefährdend waren. Doch die meisten Glaubenssätze und Gewohnheiten, die damals zu etwas gut waren, sind für unser heutiges Leben und unsere Ziele als Erwachsene schädlich.

Übung

Probiere mal folgende Übung Identifiziere im ersten Schritt, welche negativen Glaubenssätze und Gewohnheiten sich im Laufe der Jahre bei dir angesammelt haben könnten. Wie du das machen kannst, haben wir bereits im Kapitel Glaubenssätze erklärt. Im nächsten Schritt solltest du wie ein Detektiv in deine Vergangenheit schauen und versuchen herauszufinden, in welcher Situation diese Annahmen und Verhaltensweisen dir nützlich gewesen sein könnten. Wenn wir erkennen, dass die Verhaltensweisen, nach denen unser Unterbewusstsein uns steuert, im Kern immer einen guten Zweck erfüllen sollen, fällt es uns leichter, diese als Teil von uns anzunehmen, um sie im nächsten Schritt in Dankbarkeit loszulassen – genauso wie in der Pferde-Metapher haben sie ihren Zweck erfüllt, und wir dürfen sie nun gehen lassen.

Unser Gehirn ist ein Gewohnheitstier. Wenn wir bestimmte Gedanken mit einer Sache oder einer Person verbinden und diese ein fester Bestandteil unseres Lebens war, fällt es uns umso schwerer, loszulassen. Am einfachsten ist es, dir eine neue Gewohnheit anzueignen, mit der du die alte ersetzt. Sonst entsteht eine Lücke in deinem Leben.

Altes Selbstbild und Glaubenssätze loslassen

Wichtig ist auch, dass du darauf achtest, welche Geschichten du dir über dich selbst erzählst. Gemeint sind damit vor allem negative Glaubenssätze, die du immer wieder in Gedanken wiederholst:

* Ich bin immer der Single im Freundeskreis.
* Ich ziehe immer Pech an.
* Alles geht in meinem Leben schief.
* Ich bin diejenige, die im Job immer übergangen wird und nicht befördert wird.

Du bestätigst dir diese Geschichten immer wieder in Gedanken und hältst sie irgendwann für wahr. Unbewusst klammerst du dich daran fest und machst dich selbst zu dieser Geschichte. Durch deine Gedanken, Worte und dein Handeln bestätigen sich diese Glaubenssätze immer wieder. Nimm dir mal ein paar Minuten Zeit und gehe in dich. Welche Geschichte erzählst du dir immer wieder über dich selbst? Welche negativen Glaubenssätze kommen bei dir sofort hoch, wenn du die oben genannten Sätze liest?

Beim Coaching steht die Lösungs- und Zukunftsorientierung im Fokus. Deshalb schaut Annie nur im ersten Schritt aktiv mit ihren Klientinnen in die Vergangenheit, um zu analysieren, was losgelassen und durch Positives ersetzt werden muss. Dabei wird auf Folgendes geachtet:

1. Was ist in der Vergangenheit passiert, das dich geprägt hat?

2. Welche Glaubenssätze haben sich dadurch in deinem Unterbewusstsein festgesetzt?

3. Deine Glaubenssätze bestimmen deine täglichen Gedanken: Welche Gedanken darfst du in Zukunft loslassen?

4. Deine Gedanken bestimmen deine Gefühle: Welche Gefühle darfst du in Zukunft loslassen?

5. Deine Gefühle bestimmen dein Handeln: Welche Gewohnheiten darfst du in Zukunft loslassen?

Ohne einen unvoreingenommen Expertenblick von außen fällt es den meisten schwer, auf die eigene Geschichte zu schauen und die Muster zu identifizieren, die einen an der Vergangenheit festhalten lassen.

Längerfristig solltest du dir immer wieder vor Augen führen, dass du auf dem Weg zur High Value Frau dein neues Selbst erschaffst. Dazu gehört es, deine Vergangenheit und vor allem die Dinge loszulassen, die dir in der Vergangenheit nicht gutgetan haben. An alten Dingen festzuhalten raubt dir viel Energie. Dabei kannst du aber auch einen Schritt weitergehen und vor dem Loslassen reflektieren, wie dich die Ereignisse in deiner Vergangenheit verändert haben. Was haben sie mit dir gemacht? Was hast du daraus gelernt? Konntest du einen Mehrwert daraus ziehen? Wenn ja, welchen?

Die Erfahrungen, die du in deiner Vergangenheit gemacht hast, sind nie verschwendete Zeit. Denn als High Value Frau lernst du immer etwas daraus und wächst daran. Es wird immer wieder vorkommen, dass du Energie in etwas steckst, was sich im Nachgang als etwas herausstellt, das sich vielleicht nicht ganz gut für dich anfühlt. Sobald du erkennst, dass du daraus keinen positiven Nutzen mehr für dich ziehen kannst, wirst du in Zukunft viel schneller loslassen. Diesen Ablauf musst du erst lernen und verinnerlichen. Aber mit jeder Situation, die du loslässt, wirst du merken, dass dir damit eine Last von deinen Schultern fällt. In Zukunft wird dir dieser Prozess immer leichter fallen. Du wirst gar nicht mehr ins Zwiegespräch mit dir gehen, sondern direkt in den Loslassprozess einsteigen. Denn wenn du einmal in den Genuss gekommen bist, Altlasten, die dich wie das tote Pferd nur beschweren und aufhalten würden, schnell hinter dir zu lassen, wird dir das Loslassen so selbstverständlich wie bisher das Festhalten fallen.

Doch woran erkennst du, dass es Zeit ist, loszulassen? Wenn eine Person oder Sache dir keinen Mehrwert mehr bietet und dein Leben nicht mehr bereichert, solltest du dich innerlich von ihr verabschieden. Nehmen wir das Beispiel Dating: Du hast ein Match und gehst auf ein Date. Für dich war es ein gutes Date, aber danach flaut der Kontakt etwas ab. Die gängigste Reaktion wäre, zu hinterfragen, warum sich der Austausch auf einmal verändert hat. Viele suchen die Ursache dafür bei sich selbst. Aber stattdessen solltest du dich fragen: Kenne ich die Person überhaupt gut genug, um ihr Verhalten mir gegenüber nun zu hinterfragen? Weiß ich, wie sie tickt? Und warum klammere ich mich jetzt an ihr fest? In den wenigsten Fällen gibt es schon eine so enge und emotionale Bindung zu dieser Person, mit der du vielleicht nur ein paar Tage über eine Dating-App geschrieben und ein paar Stunden bei einem Date verbracht hast. Oftmals liegen auch hier die Gründe in deiner Vergangenheit, wenn du dazu neigst, an Menschen festzuhalten, die du noch gar nicht gut genug kennst. In einem Coaching kannst du diese Ursachen individuell identifizieren. In diesem Beispiel müsstest du daher erkennen, dass dir dein Dating-Partner aktuell keinen Mehrwert mehr liefert. Im Gegenteil, sein Verhalten verursacht sogar negative Gedanken und Gefühle in dir. Als High Value Frau darfst du nun lernen, dir selbst zuliebe konsequent zu sein und die Person loszulassen.

REMINDER

Wenn du herausfinden möchtest, ob es Zeit ist, etwas oder jemanden loszulassen, dann frage dich: Bereichert mich diese Sache oder Person noch? Zahlt es oder sie auf mein Weiterkommen ein? Du kannst dir als Faustregeln merken: Alles, was dich nicht persönlich oder beruflich weiterbringt, glücklich macht oder dir mehr Geld einbringt, hat nichts mehr in deinem Leben zu suchen.

Sei dir bewusst, dass du die Fähigkeiten in dir trägst, um dauerhaft genau das anzuziehen, was du verdient hast. Das Loslassen kannst du ein bisschen mit dem Ausmisten deiner Wohnung gleichsetzen. Damit befreist du dich von Altlasten, die keinen Nutzen mehr für dich haben. Diesen Schritt zu gehen, heißt auch, dass du deinen Selbstwert erkannt und verinnerlicht hast. Deinen Selbstwert hochzuhalten ist ein konstanter Prozess. Je mehr du ihn kennst, desto selbstverständlicher wird es für dich, dass du dich nicht mehr mit weniger zufriedengibst – und desto einfacher lässt du los.

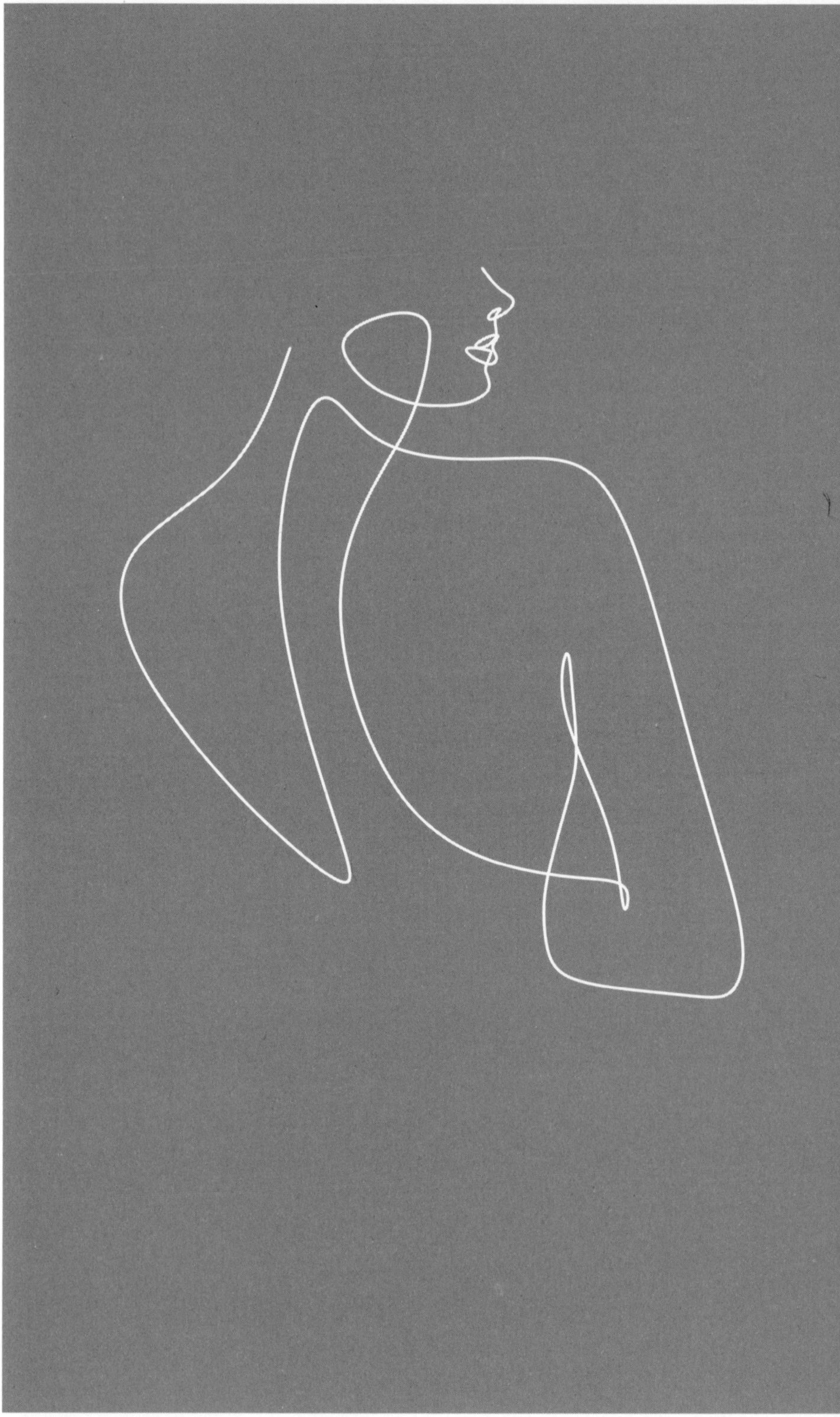

Zusammenfassung

Wir haben in diesem Buch unser Wissen mit dir geteilt, um dir den Weg zum Leben einer High Value Frau zu ebnen. Wie du weißt, bietet einem das Leben immer wieder herausfordernde Situationen. Wenn du aber an der inneren Arbeit dranbleibst, wird dir das dabei helfen, an kleinen Alltagsherausforderungen, aber auch an Rück- und Schicksalsschlägen zu wachsen.

Mithilfe unseres Buchs hast du erkannt, dass du bei deinem Unterbewusstsein anfangen musst, um Schritt für Schritt dein Traumleben zu kreieren. Wir haben gemeinsam jahrelang festgesetzte Muster aufgedeckt, die dich bisher zurückgehalten haben, das Leben zu führen, das du dir schon immer gewünscht hast. Du hast Glaubenssätze identifiziert und in positive Gedanken transformiert.

Das sind lebensverändernde Schritte, die manche Menschen nie gehen werden. Darauf kannst du stolz sein. Denn bei vielen sieht das Leben nach außen hin wie ein High Value Life aus, aber innerlich fühlen sich diese Personen oftmals ganz anders.

Wir wollen dir als persönliche Checkliste an dieser Stelle noch einige Punkte zusammenfassen, woran du erkennst, dass du es geschafft hast, zu einer High Value Frau zu werden.

Die Beziehung zu dir selbst hat sich verändert

Früher haben dich Grübeleien und negative Gedanken im Alltag begleitet. Das gehört nun der Vergangenheit an. Wenn du Gespräche in Gedanken führst, sind diese eher motivierend und positiv. Bei negativen Gedankenschleifen ertappst und stoppst du dich schnell.

Du weißt mittlerweile ganz genau, was dich glücklich macht. Hast du mal einen schlechten Tag, weißt du zuverlässig, was du tun musst, damit du noch das Beste aus dem Tag herausholst. Schöne Tage machst du schöner, indem du dich auch an kleinen Dingen erfreuen kannst. Du bist dir selbst genug und bereicherst dein Leben auf eine Weise, die du dir vorher nicht vorstellen konntest. Die Gefühle von Einsamkeit spürst du kaum noch, denn mittlerweile fühlst du dich mit dir so verbunden, dass du Me-Time bewusst genießt. Du brauchst nicht zwingend die Nähe anderer, um dich geliebt zu fühlen.

Neues Gefühl hinsichtlich anderer Menschen

Die Beziehungen zu anderen Menschen in deinem Leben haben sich verändert. Du merkst regelrecht, wie dein Umfeld dir Energie schenkt, statt nur zu nehmen. Die Menschen, die dich täglich umgeben, achten dich und deine Bedürfnisse, und du fühlst dich rundum wohl, wenn du Zeit mit ihnen verbringst. Ihr seid euch vom Wesen und euren Werten her sehr ähnlich, habt ähnliche Lebensweisen und Gedanken. In Situationen, wo du Unterstützung brauchst, sind sie für dich da, und du umgekehrt auch für sie.

Jeder Tag ist was Besonderes

Früher hast du dich von Highlight zu Highlight in deinem Leben gehangelt. Du hast auf den nächsten Urlaub hingefiebert oder sehnsüchtig aufs Wochenende gewartet. Mittlerweile ist dein ganzes Leben ein Highlight. Natürlich verspürst du immer noch Vorfreude auf Ereignisse, die in deinem Leben stattfinden. Aber sie machen deine positiven Gefühle nicht mehr allein aus. Du feierst dein Leben und fühlst dich rundum wohl. Tatsächlich empfindest du auf einfache Weise ein Glücksgefühl und bist dankbar für das Leben, das du dir so erschaffen hast, sodass du selbst an »schlechten« Tagen alles als nicht so schlimm empfindest. Mit der Zeit merkst du eine kontinuierliche Entwicklung nach oben: Was einst schon ein guter Tag für dich war, zählt heute zu deinen »schlechteren« Tagen. Denn es hat sich nicht nur dein tägliches Glücksempfinden verbessert, sondern auch im Äußeren spiegelt sich immer mehr Gutes wider. Die innere Arbeit, die du täglich machst, trägt Früchte und fängt dich auf. Du weißt, wie du dich selbst aus einem kleinen Tief herausholen kannst.

Du praktizierst Dankbarkeit

Der Fokus liegt für dich nicht mehr nur noch auf den negativen Dingen im Leben. Du weißt, dass nicht immer alles wunderbar und rosarot sein wird. Dennoch kannst du auch in dunkleren Zeiten Dankbarkeit verspüren. Selbst in kleinen Situationen erkennst du das Positive und empfindest Glück. Denn dein Alltag ist voller Dinge und Menschen, die dir Energie geben. Dein positives Mindset hilft dir zusätzlich, dich vor allem auf die schönen Dinge zu fokussieren und Negatives schnell loszulassen.

Insgesamt hat dir deine Reise zur High Value Frau dabei geholfen, dir ein Sicherheitsnetz bestehend aus einem hohen Selbstwertgefühl, einem bereichernden Umfeld und Selbstliebe zu spinnen, das dich jederzeit auffängt. Du weißt, dass du alles im Leben meistern kannst und weich fallen wirst. Du weißt auch, dass der Schlüssel zu deinem Glück in deinem Unterbewusstsein liegt. Wichtig ist aber, dass du dir vor Augen hältst, dass die innere Arbeit ein lebenslanger Prozess ist, der Disziplin und Durchhaltevermögen erfordert. In diesem Buch und in Coachings können wir dir die Abkürzung zeigen. Aber die Umsetzung und Arbeit an dir selbst kann dir keiner abnehmen. Deswegen ist es wichtig, mit deiner Veränderung im Inneren anzufangen. Beschränkst du diese nur auf äußere Faktoren, wird dich das deinem Wunschleben nicht näherbringen. Denn dein Unterbewusstsein bleibt auf diese Weise unverändert, und du nimmst es überall hin mit. Manifestieren funktioniert leider auch nicht wie eine Zauberformel, mit der sich unsere Wünsche ohne unser Zutun erfüllen. Unser Unterbewusstsein bestimmt immer noch, auf welcher Frequenz wir die meiste Zeit unseres Lebens schwingen.

Wir haben dir deutlich gemacht, dass unsere dominierenden Gedanken früher oder später auch in unserer Realität wiederzufinden sind. Dabei ist es egal, ob es sich um positive oder negative Gedanken handelt.

Wichtig ist, dass du dir vor Augen hältst, dass du mehr Macht hast, als du denkst, wenn es darum geht, dein Leben so zu beeinflussen, wie du es gerne hättest. Du musst den Status quo, deinen Ist-Zustand, nicht einfach akzeptieren und als dein Schicksal hinnehmen. Du solltest es dir selbst wert sein, den Weg der inneren Arbeit für ein erfülltes Leben zu gehen.

Denk immer daran: Du zahlst entweder den Preis der Disziplin oder den

Preis der Reue. Psychologisch gesehen ist Reue eines der schlimmsten Gefühle. Wir alle kennen die Geschichten über Menschen, die auf dem Sterbebett ihren verpassten Chancen hinterhertrauern und vieles in ihrem Leben anders gemacht hätten – zu diesen Menschen wollen wir nicht gehören. Denn später denkst du nicht mehr an das Investment, das du in dein Lebensglück gesteckt hast, sondern mit wie viel Lebensqualität und Freude du dein Leben gelebt hast.

ÜBER DIE AUTORINNEN

Annie Brien kommt ursprünglich aus dem Bereich Marketing und stieg nach ihrem Master in „International Management“ schnell zur Führungskraft auf. Mit 30 Jahren gab sie ihre erfolgreiche Karriere auf, um sich mehr dem Wohl ihrer Mitmenschen zu widmen. Sie ließ sich zur psychologischen Beraterin ausbilden, da Coaching auch ihr eigenes Leben verändert hat. Mittlerweile hat sie schon vielen Klient:innen und auch Hörer:innen ihres Podcasts “Selbstbewusst und Attraktiv - Werde zur High Value Frau” mit ihrem Ansatz zu einem besseren Leben verholfen. Instagram: **@its.anniebrien**

Bianca Brien arbeitet seit über zehn Jahren als Redakteurin. Bereits während ihres Masterstudiums im Bereich „Medien und Kommunikation“ arbeitete sie als freie Journalistin. Mittlerweile ist sie als Multimedia-Redakteurin beim Öffentlich-Rechtlichen tätig. In ihrer Freizeit sind Bücher eine große Leidenschaft für sie, daher war es für sie schon immer ein Traum, selbst ein Buch zu veröffentlichen. Auf ihrem Instagram-Kanal **@anotherbooklove** ist sie auch in der Bookstagram-Community vertreten.

DANKSAGUNG

Wie wir in diesem Buch schon geteilt haben, ist uns Dankbarkeit sehr wichtig. Daher dürfen wir an dieser Stelle ein großes Dankeschön an alle aussprechen, die uns auf dem Weg unser Buch zu schreiben, begleitet und uns dabei ihre Unterstützung geschenkt haben. In Form von Gesprächen über Inhalte über motivierende Worte bis hin zum Mit-uns-freuen, dass wir nun unseren Traum erfüllen, publizierte Autorinnen zu werden.

Was aus einer Idee zwischen zwei Schwestern begann, hat nun seinen Weg in ein großes Verlagshaus wie Penguin Random House gefunden. Wir möchten uns vor allem bei Manuela Witty bedanken, die alle unsere Fragen und Anliegen mit Geduld bearbeitet hat, und bei Jürgen Kiermeier, der jeden noch so kleinen Gestaltungswunsch umgesetzt und uns zu diesem wunderbaren Buch-Design verholfen hat. Außerdem wollen wir ein Dankeschön an unsere Lektorin Doreen Fröhlich richten, die uns geholfen hat, unser Buch zur besten Version zu machen. Ohne euch wäre es nicht möglich gewesen, dass wir tatsächlich unser eigenes Buch in den Händen halten.

Wer diesen Traum von uns ebenfalls bei jeder Gelegenheit unterstützt hat, sind unsere Eltern. Ohne euch wären wir nicht da, wo wir jetzt sind. Danke, Papsch, dass du uns immer wieder motiviert hast, unser eigenes Buch zu schreiben. Leider ist es kein Thriller geworden. Danke, Mama, dass du dieses Buch, auch wenn es nicht auf Französisch ist, verschlingen wirst – weil es unser Buch ist.

Und: Danke an alle, die es kaum erwarten können, endlich einen Einblick in unser Buch zu bekommen.

Liebe*r Leser*in,

wir hoffen sehr, dir hat das Buch gefallen, und würden uns freuen, wenn du eine Rezension bei deinem Lieblings-Onlinehändler schreibst.

Hast du Fragen, Wünsche oder Anregungen?
Dann schreibe gerne an: yuna@penguinrandomhouse.de.

Viele Grüße

YUNA

IMPRESSUM

2. Auflage
Originalausgabe

produktsicherheit@penguinrandomhouse.de
(Vorstehende Angaben sind zugleich Pflichtinformationen nach GPSR)

Covergestaltung: Jürgen Kiermeier, YUNA, unter Verwendung eines Motivs von shutterstock: alla_line
Bildnachweis: shutterstock: alla_line, Berkahlineart, Koy Jang, Plasteed, Rusyn,
Layout/Satz: Jürgen Kiermeier, YUNA
Druck und Bindung: CPI books GmbH, Leck
Printed in the EU

MIX
Papier | Fördert gute Waldnutzung
FSC® C083411

Penguin Random House Verlagsgruppe FSC® N001967

ISBN 978-3-517-30351-2